아빠,
우린 왜 이렇게
행복하지?

뾰족한 아픔에서 시작된 반짝이는 이야기

아빠, 우린 왜 이렇게 행복하지?

김병년 목사의 일상다반사 1

비아토르

차례

추천의 글 아픔이 아픔에게 _8
여는 글 아빠, 우린 왜 이렇게 행복한 거지? _14

**아프고
슬프고
고마운 이름,
가족 _20**

고통은 가족의 일상이 되었지만

삶이 닮아간다 | 괴롭히며 사랑하는 아이들 | 엄마를 돌보는 어린 사랑 | 니고데모가 안경을 꼈어? | 죽도와 죽도록 | 즐거운(?) 승리 | 찬송으로 하나 되기 | 싸게 놀지 마요! | 부전자전 | 감출 길 없는 본성 | 춘녀의 장난감 | 추억 만들기 | 따스함을 부르는 말, 여.보. | 재미로 사는 아들 | 춘돌이의 사춘기 | 아들에겐 복음, 아빠에겐 복통 | 누워 사는 여자들 | 오늘은 천 원만! | 어느 막내딸의 치사랑 | 한 시간짜리 아동 학대 | 두 남자의 심야 수다 | 목사가 사람을 버려? | 그것도 몰랐어? | 아들의 문자메시지 | 닮는다는 것 | 두려움을 몰아내는 비결 | 품는 것이 사랑이다 | 그리운 당신 목소리 | 자라지 않은 사랑 | 죽도록, 죽을 때까지 | 아내도 투표했다 | 애 술을 만드냐고요! | 늙은 허니님 | 임마를 부르면 | 방구 씨 | 아늘 보기 부끄러워 | 아빠, 바람 피우지? | 사랑하다 왔어요

**일상,
부르심과
임재를
발견하는 곳** _106

삶의 공간을 채우는 빛

다시 글을 쓰며 | 압력밥솥 | 무의미한 1등 | 손을 잡지 않는 이유 | 한 통의 문자 | 내 돈으로 샀어 | 해야 할 일 vs 하고 싶은 일 | 약한 자와 함께할수록 | 지나친 열심 | 예기치 않은 복 | 축구와 성화 | 두 세계 사이의 죄인 | 삶과 산 | 낫지 않아도 사랑은 계속된다 | 마음이 전해지길 | 봄꽃 다 지겠다, 비야 | 자녀이자 종 | 우리 가족 | 사랑아, 오라! | 일어나 걸어라? | 쉬운 상황, 어려운 판단 | 불안 속에서도 피는 꽃 | 도둑질 vs 착취 | 춘돌이의 성경 적용 | 아이들의 대답 | 아내에게만 최선을! | 생각지 못한 은혜 | 차라리 내가 공부를? | 끼니와 안식 | 아빠의 정체는? | 거룩한 삼각관계 | 소망은 눈물 뒤에 온다 | 간증의 유효 기간 | 능력보다 사랑이 먼저 | 남자들끼리 살까? | 아픔도 삶의 일부 | 연합을 방해하는 것들 | 열림 버튼, 닫힘 버튼 | 너네 아빠 찾아가라 | 누군가의 시선에 따라 | 아내가 나를 키운다 | 아내, 내 삶의 동반자 | 스물일곱 살 수진을 만나다 | 향수와의 대화 | 허물도 쓸모가 있다 | LTE에서 2G로 | 다시, 기나긴 일과

신앙,
생의
이면에
눈을 뜨다 _174

내가 너를, 오래 기다렸다

고통 덕분이다? | 고난 없는 삶은 없다 | 기도와 분별력 | 잠에 취한 기도 | 부부 관계와 기도 | 하나님 중심의 삶 | 세우기와 허물기 | 그분 뜻대로 vs 내 뜻대로 | 아픔도 빛을 낸다 | 근본적인 이유 | 멈추지 않는다면 | 긍정적 사고와 믿음 | 단 하나의 두려움 | 조폭보다 못하려고 | 솔로몬의 실패한 자녀 교육 | 믿음과 치료 사이 | '어디로'부터와 '누구'로부터 | 집 떠나면 고생 | 전능하심의 근거 | 삶으로 하는 설교 | 성경과 부적 | 오직 사랑만이 | 삶이 흔들릴 때의 기도 | 하나님의 계산법 | 가장 좋은 성도들 | 손녀의 믿음 vs 할머니의 믿음 | 더 소중한 것 | 아들과 함께 주시는 것 | 원망과 믿음 | 아플 땐 아픔만 느껴질 뿐 | 두 번 죽은 나사로 | 보여주는 사랑 | 두 종류의 밭 | 시간의 거룩함 | 다 잘하겠다는 욕심 | 단순함이 주는 담대함 | 하나님의 자유 vs 나의 자유 | 관심의 초점 | 고난이 주는 유익 | 순종 없는 간구 | 더불어 산다는 것 | 주어와 목적어 관계 | 문제는 숫자가 아니다 | 쉬지 말고 기도하라 | 자유함의 비밀

닫는 글 내 일상을 풍성하게 해주는 이름들 _228

추천의 글

아픔이 아픔에게

김병년 목사님과의 인연은 그리 길지 않습니다. 페이스북을 통해 목사님의 글을 읽게 되면서 가슴을 울리는 그 글의 감동에 이끌려 나도 모르게 친구 신청을 하면서부터였습니다. 목사님의 첫 책도 페이스북을 통해 알게 되었지요. 그러면서 나는 점점 그분의 팬이 되었습니다.

같은 목사인 것을 비롯해 그분과 여러모로 공통된 연결고리가 많음을 알게 되어 한두 차례 사적인 만남도 가지면서 점점 더 그 인격과 삶에 존경과 감동을 가지게 되었지요. 제가 김 목사님과의 만남을 통해, 또 그의 글을 읽으면서 무엇보다 먼저 가지게 된 깊은 인상은 목사 같지 않은(?) 목사의 매력이었습니다. 꾸밈과 허식이라고는 찾아볼 수 없는 너무도 진솔하고 공개적인 그의 고백과 삶은 오히려 나를 당혹스럽게 하고 부끄럽게 만들기가 일쑤입니다. 유리 상자처럼 투명하게 들여다보이는 그의 일상의 모습들과 너무나도 인간적인, 그러나 너무나도 치열하고 질박한 그의 고뇌와 몸부림들 속에는 무섭도록 강렬하고 본질적인 신앙의 도전이 있습니다.

그의 글을 읽을 때면 늘 가슴을 울리는 눈물과 감동, 그리고 고통의 우물에서 길어 올린 넉넉한 해학이 있습니다. 그리고 나는 늘 부끄럽게도 진정한 믿음의 본질에 대한 도전을 받곤 합니다. 그것은 그의 이야기는 글이 아니고 삶이며 고백이기 때문입니다. 그의 이야기는 결코 성공신화나 나를 주눅 들게 만드는 화려한 간증도 아닙니다.

하나님 앞에서 한 인간의 연약한 몸부림과 실패와 고통, 절규, 무수한 회의와 질문, 그리고 마침내 찾아드는 고요함 속에서 듣게 된 그분의 세미한 음성과 임재…. 한 치의 꾸밈도 없이 고스란히 그 모두를 토해내는 그의 이야기들 속에서 나는 산처럼 곁에 서 계시는 하나님을 발견하곤 합니다. 믿음은 설명을 통해서 자라지 않고 곁에 계시는 그분을 보는 것으로 깊어진다는 것을….

나그네 인생길 위에서 이런 길동무 하나를 얻게 된 것은 하나님께서 제게 주신 너무도 고마운 선물이며 위로입니다. 이번에 그의 이야기가 다시 책으로 나오게 되어 보다 많은 이들이 이런 좋은 길동무를 만날 것이라 생각하니 얼마나 반갑고 기쁜지 모르겠습니다.

_안경환

위로는 쉬운 일이 아니다. 깊게 생각하지 않고 누군가의 마음을 다독이다간 위로는커녕 상처만 줄 수 있다는 것을 사람들은 잘 알지 못한다. 위로를 받을 때마다 항상 힘이 되는 건 아니라는 것을 나는 아픔을 겪은 뒤에야 알게 되었다.

하나님을 사랑하는 사람들이 말도 안 되게 어려움을 겪는 모습을 자주 본다. 목회자들 또한 몸과 마음을 하나님께 온전히 드리는데도 예외가 없다는 것을, 나는 김병년 목사님을 통해 알게 되었다.

정말이지 신기하게도 목사님의 아픔을 통해 내 다친 마음을 다독이고 정성스럽게 만지고 있는 하나님을 느낀다. 도무지 이해할 수 없는 상황에서 어떻게 계속 그분의 뜻을 알고, 믿음생활 하는지를 매일 페북을 통해서 배우고 있다.

나에게도 아픈 아이가 있다. 처음엔 정말 원망도 많고(물론 지금도) 슬프기도 했지만, 요즘은 세상의 수많은 아픈 사람들을 위로하는 자가 되라는 그분의 뜻이 아닌가 천천히 깨닫기 시작했다. 목사님이 누누이 이야기하는 것처럼 정말 내가 바라는 기적은 일어나지 않을 수도 있다. 나는 내 아이가 평범한 아이와 다르다는 걸 인정하고 받아들여야 한다. 그리고 그 연습을 지금 즐겁게 하고 있다.

아픔이 아픔을 위로한다. 김 목사님의 아픔이 나를 위로하였듯이, 나도 앞으로 수많은 누군가를 위로하며 살고 싶다. 하나님 안에서 이 아이의 밝은 웃음을 끝까지 지켜주며 사랑하고 인내하며 살아가고 싶다.

_ 은우 엄마

2012년 4월 초, 12년 6개월 동안 나의 아들로 지내며 기쁨과 행복을 안겨주던 막내가 1년이라는 짧은 투병 생활을 마감하고 먼저 세상을 떠났다.

고난주간 시작하는 날이었던 월요일 새벽, 교회 중고등부를 담당하던 전도사님은 기도하시는 중에 "나는 지훈이가 참 좋다"라는 하나님의 음성을 들었다고 했다. 고난주간 사흘째 접어들던 날, 아이는 나의 기대를 끝내 저버리며 그렇게 떠났다. 그리고 나는 여전히 '하나님이 우리 아이를 그냥 평범하게 사랑하셨다면 얼마나 좋았을까?'라는 생각을 놓지 못하며 살고 있다.

잔인한 4월이 끝나갈 무렵, 나는 《난 당신이 좋아》라는 책을 선물 받았다. 처음엔 내키지 않는 제목이었다. 목회자가 지은 책이니 '하나님 좋다'라고 고백하는 책인가 보다 했으니까. 하지만 내 예상과는 전혀 다른, 도무지 이해도 감당도 하기 힘든 삶에 대한 이야기였다. 참으로 죄송스럽게도 그 때문에 목사님의 삶 자체가 내게 위로로 다가왔다.

그 이후에 정말 인연이 찾아왔다. 아들이 마지막 70일을 보냈던 병원의 간호사 선생님이 페이스북을 통해 김병년 목사님을 소개해주었고, 나는 정말로 목사님의 친구가 되었다.

물론 오프라인에서는 아직까지 만난 적이 없다. 여전히 뒤틀린 내 맘속의 굵직한 연필 하나가 목회자와 거리를 두라고 선을 긋고 있기 때문이다. 언젠가는 나도 이 선을 밟고 넘어가 씩씩하게 친구를 만나고 싶다.

이렇게 친구가 된 그분의 길고 짧은 글들을 통해 하루에도 몇 번씩 웃었다 울었다를 반복하며 나 자신과 싸운다. 수시로 글을 쓰는 목사님 또한 아마도 그렇게 울다 웃다 하시지 않을까 싶다.

일상을 통해 남편으로서 아빠로서 최선을 다하시는 멋진 목사님의 고군분투를 진심으로 응원한다. 앞으로도 계속 나는 김병년 목사의 친구이고 싶다.

_김말녀

내가 섬기고 있는 교회에는 장애 자녀를 둔 가족과 함께하는 캠프가 있다. 지난 5월, 그 캠프장에서 작고 단단한 체구의 한 남자분과 마주쳤다. 그는 한 여성을 이동침대에 태워 엘리베이터 안으로 들어섰다. 나중에서야 이 캠프에 강사로 온 김병년 목사임을 알았고, 이동침대에 누워 있던 여성은 그의 아내였다는 것을 알게 되었다. 이동침대를 밀던 그 남자, 김병년 목사님과의 만남은 이렇게 시작됐다.

김병년 목사님의 페이스북 글은 참 다양한 독자들을 지니고 있다. 사춘기 아이들을 양육하고 있는 엄마의 입장에서는 춘돌이와 춘녀의 이야기가 업데이트 되기를 기다릴 것이다. 불화와 불통으로 속상해하는 이 땅의 부부들은 뇌병변 1급의 장애의 아내를 향한 목사님의 사랑을 닮기를 소망하게 될 것이다. 나 역시 한없이 연약한 모습 속에서 낙심할 때 위로를 얻는 샘물 같은 목사님의 글을 찾게 된다.

'거친 파도 날 향해 와도 주와 함께 날아오르리, 폭풍 가운데 나의 영혼 잠잠하게 주를 보리라.' 목사님의 단상들을 읽게 될 독자들이 파도가 사라지기를 기도하기보다 파도에도 불구하고 그분 안에서 누리는 자유로움으로 힘을 얻기를 바란다.

또 아픔 가운데 위로를, 절망 속에서 희망을 노래하며 그 나라 가기까지 오직 한 분만을 바라고, 신실하게 걸음을 옮겨가길 기도한다.

_오영미

뇌경색으로 8년째 눈도 뜨지 못하고 누워만 있는 아내와 함께 세 자녀를 기르는 '엄빠' 김병년의 조미료 섞지 않은 삶의 이야기들이 가득한 이 책을 미리 읽게 되어 얼마나 기쁜지 모른다.

그는 아프면 아프다고 하고, 힘들면 힘들다고 운다. 하나님께 보내는 투정 종합선물세트를 우리에게 가감 없이 보여준다. 그 투덜댐이 또 오래가지도 않는다. 향기로운 커피 한 잔이면 언제 그랬냐는 듯 온 얼굴에 웃음이 가득하다.

소중한 것을 끝까지 지키려는, 징그럽게 힘들고 지루한 고통과 씨름하는 삶에서 건져 올린 그분의 글들은 내게 언제나 눈물이 되고 감격이 되고 소중함이 된다. 나뿐만 아니라 수천 명의 페이스북 친구들에게도 그렇지 않을까?

가족, 순종, 믿음, 사랑, 위로… 그가 삶으로 풀어낸 단어들이, 같은 고통의 길을 걷고 있는 나에게 늘 힘이 된다.

_강효숙

---

*페이스북은 전 세계를 대표하는 소셜 네트워크 서비스 웹사이트이며, 나와 이웃하게 된 사람을 '페친(페이스북 친구)'이라 부른다. 저자의 페이스북 글을 통해 위로받은 몇몇 이들의 글을 모았다.

여는 글

아빠,
우린 왜 이렇게 행복한 거지?

　수요예배를 마친 어느 날, 가족과 함께 봉고차를 타고 집으로 향하던 중이었다. 막내 윤지가 뜬금없이 이렇게 말했다. "아빠, 우린 가난한데 왜 이렇게 행복한 거야?"
　나는 깜짝 놀랐다. 아이의 입에서 '가난'과 '행복'이란 단어가 동시에 터져 나와서. 사실 내 상황을 알거나 글로 읽은 사람들이라면 대부분 삶에 대해 혼란을 느낀다. 그러나 어린 윤지는 어른들이 혼란스러워하는 두 단어를 한 문장 안에서 절묘하게 사용하였다. 초등학교 저학년 꼬마 아이의 눈에 비친 내 인생은 가난하면서도 행복한 삶이었다. 가난하면서도 행복한 삶. 이 두 단어는 마치 운명처럼 내 인생의 특징을 나타내는 말이 되었다.
　행복이 가난을 뜻하는 것은 아니다. 더군다나 나는 초라한 행복을 말하고 싶지 않다. 아내가 아파서 잃은 것들이 많다. 남편으로서 누려야 할 많은 것을 잃었다. 아이들이 자라면서 당연히 받아야 할 양육의 기회를 잃었다. 우리 가족은 늘 고통당하며 살아간다. 행복의 조건으로 건강을 내세우는 사람의 눈으로 보면 내 삶은 불행해 보일 것이다. 그러나 아내의 빈자리가 아무리 클지라도, 하나님이 주신 것을 자족할 줄 아는 기쁨이 우리를 행복하게 한다. 아프기 때문에 인생을 총천연색으로 경험한다. 감정의 풍요로움은 나를 분노케 하고, 좌절케 하고, 고통스럽게 하고, 외롭게 하여 비로소 나를 행복하게 한다.

그렇다고 가난이 행복을 뜻하는 것은 결코 아니다. 나는 가난을 미화할 마음이 없다. 가난 그 자체는 풍요로움에서 멀어진 삶의 결핍이요 공급하시는 하나님의 부재임이 틀림없다. 그러나 내 삶을 들여다보면 그 가난 속으로 찾아오시는 그분의 공급하심이 있다. 거기서 찾아내는 기쁨이 있기에 행복하다. 경제적인 궁핍함이 사라지지는 않았지만 그 결핍으로 인하여 얻고, 나누고, 함께 살아가는 사람들을 만났다. 가난함으로부터 오는 고통을 이겨내는 풍성한 관계들이 있기에 우리는 행복하다. 가난은 결핍이지만 그 가운데에도 하나님의 공급하시는 손이 있기에 우리는 행복할 수 있다.

나는 막내딸의 질문을 듣고 되물었다. "네가 가난을 아니?"
윤지는 또박또박 말을 했다. "돈 없는 거잖아."
맞다. 가난은 돈이 없는 상태를 말한다. 이처럼 명료한 답이 있을까? 돈이 없어서 먹거리를 사지 못하는 이들이 세상 노처에 굶주리고 있다. 가난은 물건의 궁핍함이 아니고 물건을 살 수 있는 재화의 부족이다. 어린아이의 눈에 비친 가난은 돈의 부족이다. 우리 집은 절대적으로 그것이 부족하다. 아내가 아프고 난 뒤에는 더욱 재정적 어려움을 겪었다. 매달 버는 돈보다 써야 할 돈이 더 많았다. 수입보다 더 많은 돈을 지출했으니 당연히 가난할 수밖에 없다.

그러나 여덟 살 꼬마는 돈이 없어도 행복할 수 있다고 말한다. 돈이 없으면 불행하다고 생각하는 사람들은 질병에 걸린 삶을 불행하다고 여기고 미래를 걱정하기 때문에 현재를 누리지 못한다. 그러나 돈이 없어도 행복하다고 말하는 사람들은 현재를 누릴 줄 안다. 돈으로 소유욕을 채우는 탐욕스러운 인간의 행복과 소유욕으로부터 자유로운 인간의 행복은 현재Present가 삶의 선물Present인지 아닌지를 기준으로 한다. 그러므로 돈이 없어도 누구나 행복할 수 있다.

"네가 행복을 아니?" 나는 다시 한 번 윤지에게 물었다.

막내는 그렇게 당연할 걸 왜 물어보냐는 듯이 대답한다. "그러엄! 우리가 기뻐하는 거잖아."

이야, 대단하다. 행복이 무엇인지를 이 녀석이 알다니. 맞다, 행복은 온 가족이 기뻐하는 것이다. 엄마가 아파서 누워 있는데, 태어나서 엄마로부터 한마디 말도 듣지 못하고 커가는 아이가 행복하다고 말한다. 귀엽고 예쁜 아가씨를 선머슴처럼 키우는 아빠를 두고도 행복하다고 말한다.

윤지 말대로 우리 가족에게는 즐거움이 많다. 서로 투닥거려서 시끄

러울 때도 있지만 재미있는 일들이 많아서 웃을 일이 끊이지 않는다. 엄마가 아픈데도 아빠와 언니, 오빠에게 느껴지는 기쁨이 막내딸아이의 눈망울에 비쳤다. 이 아이에겐 아빠가 기뻐하는 모습이 자기의 기쁨인가 보다. 언니 오빠가 즐거워하는 모습이 자기의 행복인가 보다.

　여기, 오늘도 되풀이되는 아픔 속에서도 여전히 반짝이는 우리의 행복 이야기가 있다.

아프고
슬프고
고마운 이름,
가족

고통은 가족의
일상이 되었지만

예기치 않은 고통이 우리 가족을 찾아온 지 벌써 8년이 흘렀다. 내 삶을 누구보다 더 풍성하게 하던 아내가 쓰러지자 엄청난 혼돈이 나와 아이들에게 찾아왔다. 아이들은 나를 '엄빠'라고 불렀다. 엄마와 아빠를 어중간하게 오가는 내 정체성을 기막히게 표현한 말이다. 아무에게도 환영받지 못하는 고통이 일상의 한 부분이 되어버렸다. 그건 이제 특별할 것 없고 별스럽지 않아서 병상의 아내와 나, 아이들은 익숙한 듯 고통과 더불어 살아간다.

처음부터 그랬던 건 아니다. 아내를 무너뜨린 고통은 나만 아프게 한 것이 아니었다. 아이들도 아팠다. 고통의 짐은 나이가 어리다고 가벼워지는 건 아니었다. 아이들은 학교 가방에 비할 수 없는 무거운 짐을 마음에 지고 살았다. "아빠, 학교에서 돌아오면 집에서 누가 맞아주면 좋겠어"라고 무심코 튀어나온 말을 듣고서야 아이들의 상한 마음을 눈치챘다. "안 힘드니?"라고 묻는 아빠의 반복된 질문에 결국엔 "나 너무 힘들어"라고 힘겹게 토해낸 한마디에 아이들이 짊어진 삶의

무게가 느껴져 기어이 울음을 쏟았다.

그러나 아이들은 울고 있는 어른보다 먼저 고통을 웃음으로 바꾸기 시작했다. 병상의 엄마를 두고도 자기들끼리 장난치고, 엄마에게 농담을 하고, 친구들을 데려와서 함께 놀았다. 어른들이 고통의 의미를 이해하려고 씨름할 때, 아이들은 이미 고통과 함께 사는 법을 배우고 있었다. 어른들이 고통의 짐을 경제적 무게로 받아들여 한숨을 쉴 때, "내 저금통 다 써도 돼" 하면서 어른들을 웃게 만드는 건 아이들이었다. 고통이 가족 내 어른들의 관계를 긴장시킬 때, 아이들은 화해자가 되어 어른들 사이를 오가며 닫힌 말문을 열게 했다.

고통을 여섯 번째 가족으로 받아들이고 함께 살기 시작하자, 아내가 아프기 전보다 더 큰 변화가 삶에 일어났다. 밖으로만 향하던 내 삶의 방향이 내면으로, 가족에게로 향했다. 가정의 일을 책임지기 싫어하던 내가 아내에게는 남편으로, 아이들에게는 아빠로 굳건히 자리를 잡아

갔다. 삶의 활동 범위는 좁아졌지만, 삶을 이해하는 깊이는 깊어졌다. 이 변화가 쉽게 이루어졌을 거라고는 생각지 마시기를! 아빠로서 자라는 아이들을 양육해야 하는 책임과, 배우자로서 쓰러진 아내를 돌봐야 하는 책임이 외부활동으로 향하는 나의 욕망을 옭아매고 내 속사람을 후벼 팠다.

고통은 대외활동과 사역으로 분주하던 나를 꽁꽁 묶어 가족이라는 깊은 우물에 던져 넣었다. 아픔으로 잔뜩 굳은 나에게, 가족은 평범하고 보잘것없는 일상의 삶을 바라보게 했다. 하나님이 짝지어주신 아내를 돌보고 어린 자녀들을 양육하는 고유한 부르심을 따라 살라고 가르쳤다.

그렇게 나는 젊은 시절에 품었던 꿈의 허상을 직시하고, 소박하지만 알찬 꿈들로 내면을 채워갔다. 지극히 평범한 일상, 별것 없는 삶 속에서 새로운 샘물을 맛본 것이다. 이 고유한 부르심에 따라 살기 시작하자 평범함 가운데 임재하시는 하나님이 가족의 대화 속에서, 잠자리에서, 식탁에서 자신을 드러내셨다. 고통 속에 이미 거하시는 그분은 아내의 고통을 통해 자신에게로 이르는 비밀의 문을 여셨다. 밖은 여전히 시끄럽고 혼란스러웠지만 나의 내면과 가정은 질서를 잡아갔다. 그분 안에서. 그분으로 인하여.

어린 시절 나는 꿈속에서 참 화려했다. 어느 날은 대통령이 되었다가, 다른 날은 훌륭한 문학가가 되었다. 또 어느 날은 클래식기타를 연주하는 음악가가 되어서 온 세상을 돌아다녔다. 그러다 싫증이 나면 다시 새로운 꿈을 꾸었다. '젊은 날은 꿈꾸는 시기'라고 넋두리하며 시간을 허비하였다. 삶도 방황했고 꿈도 겉돌았다. 꿈 없이 살 수 없었고 그 꿈이 내 젊음을 지켜주리라 믿었다. 꿈꿀 수 있어 행복했다. 꿈속에서 살았다.

당연히 결혼도 내 꿈의 목록에 올라 있었다. 그런데 결혼에 대한 첫 번째 꿈이 깨졌다. 아내는 나의 이상형이 아니었다. 아니, 이상형의 배우자가 어떤 사람인지조차 모르면서 결혼을 했다. 결혼생활이 하루하루 이어지면서 내가 이상적인 배우자로 생각했던 사람이 내가 선택한 바로 이 사람인가 하는 불안감이 밀려들었다.

결혼의 두 번째 꿈도 깨졌다. 현숙한 아내가 자녀들을 양육하고 남편을 잘 보필하여서 아름다운 가정을 이루는 꿈은 아내가 쓰러진 뒤 가뭇없이 사라졌다. 아내의 역할이 모두 내가 져야 할 짐이 된 상황은 내가 꾸던 결혼의 꿈이 아니었다.

4인조 밴드 '부활'이 부른 노래 〈친구야 너는 아니〉의 노랫말은 이해인 수녀님의 시에서 따왔다. 그 노랫말에 이런 내용이 나온다.

    꽃이 필 때 꽃이 질 때
    사실은 참 아픈 거래
    나무가 꽃을 피우고 열매를 달아줄 때
    사실은 참 아픈 거래
    …
    우리 눈에 다 보이진 않지만

우리 귀에 다 들리진 않지만
이 세상엔 아픈 것들이 너무 많다고
아름답기 위해선 눈물이 필요하다고
엄마가 혼잣말로 하시던
얘기가 자꾸 생각이 나는 날
이 세상엔 아픈 것들이 너무 많다고
아름답기 위해선 눈물이 필요하다고

이 노랫말에 나오는 '눈에 보이지 않고 귀에 들리지도 않는' 아픔이 결혼에 대한 내 두 번째 꿈을 앗아갔다. 결혼생활을 통해 인생에는 아픈 것들이 너무 많다는 것, 인생의 꽃을 피우기 위해선 눈물이 필요하다는 것을 온몸으로 배웠다. 눈물은 말라가도 울음은 멈추지 않았다. 소리 없이 우는 날도 있었다. 고통은 나를 꿈에서 깨어나게 했고, '지금 여기'의 삶, 현재의 삶에 집중하게 했다. 고통스러운 현재가 나를 그분께로 인도했고, 삶을 사랑하는 이들은 원래 다 아픈 거라고 가르쳐주었다. 그리고 아픔의 시간이 지나면서부터는 삶에 새로운 생기가 일기 시작했다. 하나님이 살아 계신다!

예수님은 가족으로 인해 얼마나 고통을 겪으셨을까? 그에 관해 남겨진 기록이 별로 없다. 예수님은 짧은 시간 동안 집약적으로 고통당하셨기에 기나긴 시간 동안 가족으로 인해 겪는 우리의 고통을 모르실지도 모른다. 그러나 한 주 동안 그 어떤 존재도 감당할 수 없는 고통을 당하신 그분은 인간을 깊이 이해하셨고 모든 고통을 품으셨다.

예수님과 달리, 짧지 않은 시간 동안 고통의 연단을 겪었음에도 도저히 그분의 긍휼과 성품에는 이르지 못한다. 아픈 아내를 돌보면서도 한순간 그 사랑을 버리고 싶은 강한 충동을 느낀다. 아이들에게 친절하게 반복적으로 훈계하다가도 험한 말을 서슴없이 내뱉는다. 고통 가운데 조금씩 성숙해져가겠지만, 여전히 변화되지 못한 죄인, 불쌍한 인간으로 살아간다.

그러나 그분이 우리 가족에게 베푸시는 은혜로 인해 삶은 날마다 새롭다. 살아가는 일이 뭐 특별한 게 있을까. 거저 받은 은혜가 특별한 것일 뿐. 꿈도, 삶도, 무엇인들 영원할까. 거저 받은 은혜만 영원할 뿐!

삶이 닮아간다

아이들은 부모로부터 많은 것을 물려받는다. 부모의 기질, 성격, 심지어 습관까지. 자신의 어린 시절 모습 그대로를 자녀들에게서 볼 때, 부모는 놀라움을 넘어 충격을 받기도 한다. 그게 자기가 싫어하는 자신의 모습일 경우에는 더욱더.

막내는 아침마다 학교에 입고 갈 옷을 고를 때 항상 주저한다. 자신이 원하는 스타일이 있어도 결정을 미적거린다. 그러면 어느새 다가온 언니가 다그친다.

"김윤지, 뭐해! 그냥 아무거나 빨리 입어!"

막내는 울상이 된다. 입고 싶은 걸 고르라고 재촉하면, 오히려 더 못 고르는 성격을 지녔다. 결정을 잘 못한다. 그런 윤지의 모습에서 아내가 엿보인다. 아내에게 물었다.

"여보, 당신 어릴 때 옷장 앞에서 항상 묵상하지 않았어? 입을 옷을 선택하지 못해서."

아내가 눈을 찔끔한다. 자기도 그랬다는 뜻이다. 이렇듯 막내 윤지는 어린 시절의 엄마를 닮았다. 옷장 앞에서 선택을 주저하던 그 모습

막내 윤지는
어린 시절의 엄마를 닮았다.

우리 아이들이
우리 부부를 닮아가기를

그대로다.

둘째 윤서는 나의 '귀요미'다. 사람을 좋아한다. 그냥 얼굴만 쳐다보고 있어도 웃음이 나온다. 그런데 남을 괴롭힐 때가 있다. 짓궂은 데가 있다. 아침마다 어린 여동생의 머리를 슬쩍 건들며 신경질을 돋운다. 가르쳐준 적이 없건만, 그 짓궂음은 영락없이 나의 어린 시절 개구쟁이 모습 그대로다. 어떻게 노는지 가르쳐준 적이 없지만 알아서 잘 논다. 친구들을 찾아서 놀이를 만든다. 윤서는 내 어린 시절을 본 적이 없지만, 그 시절의 나를 빼닮았다.

큰딸은 엄마의 손재주를 타고났다. 손으로 만들기를 좋아한다. 학교 운동회 때는 자기 반 유니폼을 만들기도 했다. 손으로 아기자기한 그림을 그려서 친구들에게 수시로 선물한다. 그러면서 자기는 친구 관계는 걱정 없단다. 그림 몇 장 그려서 선물하면 된다는 거다. 이 아이는 자기가 원하는 것을 스스로 제작하는 능력을 갖고 있다. 아내의 빼어난 손재주 그대로다. 그런데 마음은 내 쪽을 닮아 강한 편이다. 냉정한 구석이 있어서 차갑게 느껴질 때가 있다. 물려주고 싶지 않았는데 이미 물려받은 것이다.

다른 건 몰라도, 부모로서 가장 물려주고 싶은 것은 나의 삶이다. 나는 아이들에게 '고난을 이기는 삶'을 유산으로 물려주고 싶다. 고난을 대물림해주고 싶은 부모는 세상 어디에도 없다. 그러나 삶에는 고난이 기본으로 내장되어 있다. '삶은 고해苦海'라는 말이 괜히 있는 게 아니다. 그러기에 '고난의 바다'를 헤엄쳐 건너갈 능력을 물려주고 싶다.

나는 우리 아이들에게 아픈 엄마를 사랑하는 아빠, 가정을 지켜주는 아빠, 힘들지만 이웃을 섬기고 교회를 세우는 아빠의 모습을 많이 보여주고 싶다. 그래서 그 모습 그대로를 물려주고 싶다. 돈이나 집처럼 보이는 유산은 아니지만 오랫동안 가슴속에 새겨질 삶을 남겨주고 싶다.

유전자에 내재된 것들은 가르쳐주지 않고 보여주지 않아도 닮는다. 하지만 매순간 선택하는 것이 일인 삶 속에서는 부모가 살아가는 삶을 보고 따라가기 마련이다. 아내와 내게서 이미 물려받은 성향이나 기질이야 어쩔 수 없겠지만, 나는 우리 아이들이 우리가 살아가는 모습을 닮아가길 바란다. 나의 '삶'을 세습하는 자녀들이 되길 바란다. 감히.

괴롭히며 사랑하는 아이들

2년여 전부터 아내와 같은 방에서 잠을 잔다. 큰딸 윤영이만 자기 방을 쓰고 나머지 네 식구는 한방에서 잠을 잔다.

방 한쪽에 환자용 침대가 있고, 거기 엄마가 누워 있다. 방의 남는 공간에 아빠와 두 아이가 눕는다. 잠자리에 눕는 순서는 아빠를 사이에 두고 오른쪽에 막내, 왼쪽에 아들이 눕는다.

막내딸은 비교적 얌전하게 잠을 자지만, 아들 녀석은 끊임없이 움직이며 잠을 잔다. 에너지가 넘친다. 잠결에 몇 번이나 다시 덮어준 이불을 또 언제 차버렸는지, 잠들 때와는 완전히 반대 방향으로 몸이 뉘어져 있다.

새벽기도를 갈 때면 잠든 두 녀석의 거리를 적당하게 조정하고, 바른 자세로 눕히고, 이불을 다시 덮어준다. 새벽기도를 마치고 돌아와서 방문을 열고 보면 두 녀석은 영락없이 붙어 있다. 신기할 정도로 엉겨 있다. 분명히 둘 사이를 충분히 떼놓고 나왔는데 말이다.

신기한 것은 막내가 오빠를 따라가는 게 아니라 오빠가 막내 곁으로 붙는다는 사실이다. 늘 그렇다. 녀석은 잠들어서도 동생 곁을 지켜주는 것일까.

  가끔 잠자는 모습을 보면 꿈속에서 동생을 해코지하는 악당을 몇 명이나 물리치는지 몹시 험하게 몸부림칠 때가 있다. 동생을 깔아뭉개거나 발로 동생의 다리를 덮치기도 하고, 어떨 때는 한 이불을 덮고 꼭 붙어 있기도 한다. 분명 악당을 물리치는 치열한 싸움을 하며 동생을 보호하는 중일 것이다.

  그러나 깨어 있을 때는 주로 자신이 악당이 된다. 동생 곁으로 살그머니 다가가 식탁 아래로 다리를 뻗어 동생을 발로 툭툭 찬다. 밥을 먹고 있는 동생의 머리를 톡 친다.

  자나 깨나 동생을 괴롭히는 이 녀석은 언제쯤 악당 소굴에서 나올까.

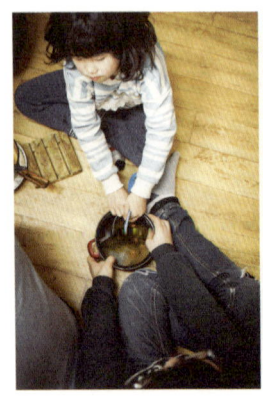  

엄마를 돌보는 어린 사랑

어느 주일 새벽이었다. 설교 준비로 애를 먹고 있었다. 개인적인 일로 설교 준비를 못해 토요일 밤을 꼴딱 새우고 앉아 있었지만, 산란한 마음에 설교 준비가 잘 되지 않았다.

겨우 집중하여 준비하는데 아내가 누워 있는 큰방에서 석션suction기로 가래를 빼내는 소리가 들려왔다. 아내의 가래를 빼줄 수 있는 사람은 나와 큰딸 윤영이뿐이다. 나는 당연히 윤영이가 깨어나 엄마의 가래를 빼주고 있겠거니 생각하고 주일예배를 위해 일찍감치 교회로 갔다.

1부 예배 설교를 끝낸 뒤, 아내를 교회로 태워 가려고 집으로 왔다. 전날 찾아와 하룻밤을 지낸 부부와 이런저런 이야기를 나누다 새벽에 엄마의 가래를 빼준 게 윤영이가 아니라는 걸 알게 되었다. 그 주인공은 바로 막내 윤지였다. '아니, 윤지가?' 나는 깜짝 놀라서 윤지를 불렀다.

"윤지야, 네가 새벽에 엄마 가래 빼줬니?"

"응."

낳아준 은혜에 감사하는 이 녀석을
엄마는 단 3일만 안아주었다.

"석션기 사용하는 건 어떻게 알았니? 언니가 가르쳐줬어?"
"아니, 그냥 아빠 하는 거 보고 알았어."
주일 밤, 모두가 잠자리에 누웠을 때 윤지가 말했다.
"아빠, 이제 우리 집에서는 오빠만 석션할 줄 몰라."
거듭 생각해봐도 막내가 대견했다.

사람의 식도로 기구를 집어넣는 일은 누구에게나 무서움을 안겨준다. 그런데 막내는 담대하게도 그 일을 스스로 알아서 한 것이다. 그것도 깊은 잠에 취해 있을 새벽에 혼자 깨어나서.

태어난 지 사흘 뒤로는, 지금껏 자기 이름을 불러주는 엄마의 목소리를 단 한 번도 들어본 적 없는 녀석이 이제 꼼짝 않고 누운 엄마의 가래를 빼준다. 엄마의 돌봄을 받아보지 못한 어린 딸이 엄마를 돌본다.

잠든 녀석의 모습을 보는데 가슴이 뭉클해졌다. 아내의 병상 머리맡에 윤지가 써 놓은 카드가 눈에 들어온다.

"엄마, 저를 낳아주셔서 감사합니다."

서툰 글씨로 자기를 낳아준 은혜에 감사하는 이 녀석은 겨우 태어난 지 3일 동안만 엄마의 사랑과 돌봄을 받았을 뿐이다. 사랑이 사랑을 돌본다. 키운 날이 짧다 하여도 낳은 사랑이 윤지의 마음을 채웠다. 생명 안에 사랑이 있다.

니고데모가 안경을 꼈어?

아빠가 공부하는 방으로 막내 윤지가 조용히 들어왔다. 그러더니 아무 말 없이 책장에 꽂힌 책을 이 책 저 책 유심히 살핀다. 나는 시선은 책에 파묻었지만 마음은 딸에게 향한 채 '이 녀석이 대체 무슨 말을 하려고 저리 뜸을 들이나' 싶어 긴장해 있다.

한참 책꽂이를 훑어보던 윤지가 마침내 질문을 던진다.

"아빠, 니고데모가 누구야?"

"예수님 시대에 살던 사람이지. 성경에 나오는데, 요즘으로 치면 국회의원이었어."

"그런데 니고데모가 안경을 꼈어?"

"엉?"

이건 뭔 소린가 싶었더니, 《니고데모의 안경》이라는 기독교세계관에 대한 입문서의 제목을 본 모양이다.

"니고데모가 안경을 껴서 예수님을 볼 수 있었대?"

아이와의 대화는 때로 생각지도 못한 재미를 안겨준다.

오래전에는 첫째 윤영이와 둘째 윤서가 거실 책꽂이를 찬찬히 보더

아이들의 질문에 담긴
귀한 생각들, 성찰들

니 둘이 한목소리로 이렇게 말한 적이 있었다.

"아빠! 이런 책은 없어도 돼요."

"응? 무슨 책?"

"《귀한 자식일수록 회초리를 들라》."

장난기 가득한 표정으로 아빠를 바라보던 두 녀석의 표정이 지금도 눈에 선하다. 제임스 돕슨의 그 책 서문에는 '세상 아이들이 가장 싫어하는 책'이라는 소개글이 들어 있었던 것 같다.

그때 문득 한 줄기 생각이 스쳐 지나갔다.

'맞다. 그러고 보니 나도 싫어하는 책이 하나 있지. 그 책 제목은 항상 나를 두렵게 하지. 《아무도 보는 이 없을 때 당신은 누구인가》. 이 책을 두려워하지 않고 즐겨 본다면 언제 어디서든 혼자 있어도 거룩한 삶을 살 수 있지 않을까….'

아이다운 진지함이든 장난기든 그들의 질문과 말은 어른을 유쾌하게도, 진지하게도 만든다. 그래서 아이들과의 대화는 즐겁고 재미날 때가 많다.

죽도와 죽도록

요즘 우리 집 '춘녀'와 자주 부딪친다('춘녀'는 한창 사춘기를 지나는 큰딸을 부르는 나만의 애칭이다). "공부 좀 해"라는 소리를 다시 시작했다. 앞으로 그 말 안 하겠다고 약속한 게 석 달 전이었다. 여태껏 잘 참았으나 다시 예전으로 돌아갔다. "공부 좀 해!"

집에 있을 때 하루 종일 핸드폰에서 손을 못 떼는 습관과, 점점 잦아지는 늦은 귀가를 참다 못해 다시 '칼'을 뽑았다. 죽도竹刀! 이 죽도의 쓰임새는 두 가지다. 아이들을 징계할 때 사용하는 매가 그 첫째이고, 키가 작은 내가 뻑뻑해서 잘 밀리지 않는 커튼을 치거나 걷을 때 쓰는 보조도구가 그 둘째이다.

나는 춘녀에게 그동안 지켜본 사실을 조목조목 읊어가며 한주 내내 타이르고 권면했다. 오래전에 약속한 8시 이전 귀가를 지키라고. 그러나 헛일이었다. 참고 또 참았다. 그런데 오늘도 벌써 밤 10시를 넘겼다.

아내에게 상황을 충분히 설명한 뒤 물었다.

"어떡할까, 여보. 매를 들어야 할까?"

감은 눈을 찔끔 하며 이내도 동의를 표했다. 아내가 쓰러져 누운 뒤,

내 판단이 불확실하다 싶으면 항상 아내에게 의견을 물었다. 혹시나 해서 다시 물었다.

"여보, 정말 매를 대야 할까?"

춘녀는 결국 밤 10시 30분이 되어서야 들어왔다. 우선 왜 늦었는지 사정 이야기를 들었다.

"내일 야외학습 가는데 마땅히 입고 갈 외투가 없어서 친구한테 빌리러 갔다가 늦었어요. 집 앞에 가서 걔가 올 때까지 기다렸는데, 그래서 늦은 거예요."

"뭐라고? 집에서 나간 게 7시 30분인데, 거의 세 시간을 기다렸다는 거야?"

"그게 아니라 그 친구가 학원에서 9시가 넘어야 온다고 해서 다른 친구 집에 가서 놀다가 뒤늦게 만났어요."

하나씩 캐묻지 않으면 잘 알아듣지 못할 대답만 했다. 그러다가 하나씩 확인해가며 물으면 그제야 하나씩 구체적으로 털어놓았다. 옷 빌리려고 친구를 만난 시간보다, 다른 친구와 논 시간이 훨씬 더 길었다.

대답은 구구절절 맞는 것 같으나, 속을 들여다보면 마치 옷을 사주지 않은 아빠의 자존심엔 상처를 주고, 허락 없이 긴 시간 마음대로 논 것은 감추려는 꼼수로 보였다. 내가 보기에는 명백한 거짓이었다.

선택을 해야 했다. 아빠에게 한 약속, 옷을 갖고 싶은 딸의 마음, 그리고 의도적인 거짓 사이에서 매를 댈 것인지 말 것인지를 결정해야 했다. 마음을 정한 뒤 딸아이에게 설명했다.

"윤영아, 네가 아빠와 한 약속을 더 귀하게 여기길 바란다. 가까이 있는 사람조차 소홀히 대하는 사람은 멀리 있는 사람에겐 어떻게 할지 뻔하다. 그리고 네가 늦게 들어온 것에 대해, 친구랑 놀다가 늦었다고 해야지 옷을 받으려고 기다리느라 늦었다고 말한 건 거짓말이다."

죽도를 들었다. 퍽, 퍽, 퍽….

아프다고 우는 딸을 보며 아픈 가운데 잠든 딸을 보며 나도 마음이 아렸다. 그리고 새벽에 일어나 나를 돌아보니 다시 마음이 아려온다. "공부 좀 해라"는 말 다신 안 하겠다는 약속을 어긴 아빠에게는 누가 매를 댈 건가!

눈앞에 보이는 말 없는 십자가가 말했다. 죽도록, 죽을 때까지 너를 부인하라고.

즐거운(?) 승리

큰맘 먹고 춘녀에게 패딩 점퍼를 사주기로 했다. 옷을 사러 가는 동안 춘녀는 잔뜩 들떠서 아빠에게 여러 종류의 외투 모양을 열심히 설명했다. 그러더니 물었다.

"근데 아빠, 한 달 학원비가 30만 원인데 패딩 점퍼 사면 학원 못 가는 거 아냐?"

그것도 맞는 말이다.

"그래, 그럼 네가 돈 벌어서 사라."

내 말에 얌전히 물러설 녀석이 아니지.

"나중에 늙어서 나이 든 아빠를 내가 먹이면 되잖아."

오호, 웬 횡재냐. 그러나 내가 어디 호락호락한 위인인가.

"네 덕 안 본다. 윤지 덕 볼 거다."

아울렛 매장은 아직 몇백 미터나 남아 있다.

"그럼 내가 나중에 돈 벌어서 갚을게."

와, 이건 대박이다. 그런데 할부는 사절이다. 그뿐이랴.

"옷값만 갚아서 되겠냐? 다른 것도 다 갚아라."

그 말에 아이는 발끈한다.

"딸한테 좋은 옷 사주면 어디 덧나?"

어쭈, 이젠 아예 애비한테 덤빌 기세다. 나는 부드럽게 대답했다.

"어디 덧나진 않는데, 엄마한테 혼나."

이젠 아울렛 매장이 코앞이다. 춘녀가 마지막 악다구니를 부린다.

"나 결혼 안 해! 아니, 결혼해도 아이 안 낳아!"

딸아, 네가 결혼 안 한다고 아빠가 무서워할 줄 알았니? 바울처럼 싱글로 헌신하며 살아라.

흥분한 춘녀와 달리, 나는 덤덤하게 말했다. "결혼해도 애 안 낳는다고? 그건 나중에 네 남편한테 말해라. 나는 네 남편 아니다."

매장에 도착해서 둘러보기 시작했다. 첫눈에 쏙 들어온 옷이 있어서 바로 집었다.

"그래도 좀 더 돌아보고 결정하는 게 낫지 않겠냐?"

춘녀는 더 둘러보았지만 역시 맨 처음 찜한 옷이 가장 낫단다. 게다가 옷 가격이 한 달 학원비의 3분의 1밖에 안 된다며 좋아했다. 오늘도 기분 좋은 나의 승리다. 옛다, 새 신발은 덤이다.

찬송으로 하나 되기

아내와 아이들과 더불어 온 가족이 크리스마스 찬송을 무려 열한 곡이나 불렀다. 목이 아프도록.

온 가족이 둘러앉아 부르는 찬송은 정겹다. 찬송이 가족을 하나 되게 한다. 춘녀 윤영이도 열심히 부른다. 개구쟁이 윤서도 큰 소리로 부른다. 막내 윤지도 질세라 목청껏 찬양한다.

하지만 우리 가족 중에 가장 큰 소리로 부른 사람은 따로 있다. 목소리를 낼 수 없는 아내는 누구보다 더 큰 소리로 찬송을 불렀다. 우리는 그 소리를 마음으로 늘 듣고 있다.

싸게 놀지 마요!

연초에 있었던 일이다.

아들을 데리고 치과에 갔다. 도심에 있는 호텔 안에서 우리 교회 집사님이 운영하시는 치과로, 이동 시간이 제법 걸렸다. 아들은 집 근처에도 치과가 있는데 왜 그 먼 곳까지 가냐며 출발부터 투덜거렸다. 딱히 뭐라고 할 말이 없어서 그냥 사실대로 얘기했다.

"집사님이 우리를 공짜로 치료해주시는데 지금 거리가 문제냐?"

그러자 곧바로 아들이 한마디 했다.

"아빠, 너무 싸게 놀지 마요!"

어쭈, 성도들에게 늘 빚지고 사는 나를 보고 싸게 놀지 말라니. 그런다고 내가 질쏘냐! 나도 녀석에게 한방 날렸다.

"얌마, 너도 살아봐. 이게 싼 게 아니야! 사랑의 빚은 갚을 수 없을 만큼 비싼 거야, 이놈아!"

그렇다. 비싼 건 돈이 아니라 사랑이다. 지금까지 나는 비싼 사랑을 빚지면서 살아왔다. 지금까지 그래왔듯 앞으로도 사랑으로 비싸게 살아갈 것이다.

부전자전

우리 부자父子를 보고 주변에서 닮았다는 말을 많이 한다. 부모 자식 간이 다 그렇겠지만, 내가 봐도 우리 부자는 외모뿐 아니라 기질까지 심하게 닮았다.

아들은 친구를 몹시 좋아한다. 친구를 데려와 거실에서 같이 잠을 자곤 한다. 나 역시 사람을 좋아해서 대학생 사역에 이어 목회를 하고 있다. 게다가 어젯밤 나도 교회 청년을 데리고 와 우리 집에서 함께 밤을 지냈다.

아빠 엉덩이는 오리궁둥이다. 아직 자고 있는 아들도 영락없는 오리궁둥이다. 아빠 손은 짧고 통통하다. 아들도 꼭 같다. 누나가 동생을 항상 놀리는 말이 있다. "오동통통!" 내가 봐도 아들은 복스럽게 통통하다.

방학 계획표를 보여달랬더니 아들은 아침 7시부터 저녁 7시까지 딱 한 가지 계획으로 채워진 계획표 아닌 계획표를 가져왔다.

"놀기."

나도 방학 때 하루 종일 골목에서 딱지치기하며 친구들과 놀았다.

아들이 아빠에게 하루 중 가장 많이 하는 말은 "노라줘(놀아줘)"다.

어릴 적 나는 마당을 맨발로 뛰어다녔다. 아들은 교회를 맨발로 뛰어다닌다. 더러 양말을 신어도 얼마나 뛰어다니는지 구멍 나도록 논다. 그러고도 "괜찮아요"를 연발하며 또 뛰어다닌다. 나는 겨울에 양말조차 안 신고 뛰어놀았다.

가르쳐주지 않아도 아들은 이토록 아빠를 닮아 있다. 그런데 배운 것조차 아직 닮아가지 못하는 나는 과연 주님의 아들이 맞는 걸까.

나는 내 신분이 때로 의심스러운데도 그분은 나를 의심하지 않으신다. 오히려 항상 이렇게 말씀하신다.

"병년아, 날 닮으려면 아직 시간이 더 걸리겠지만, 그래도 넌 내 아들이다."

감출 길 없는 본성

우리 아이들은 하나같이 김치를 좋아했다. 그래서 아침에 일어나자마자 나는 '김치볶음밥을 맛있게 요리해서 먹여야지'라는 생각으로 기대에 부풀어 있었다.

사실은 어젯밤에 찬거리가 똑 떨어져 급하게 김치볶음밥 조리법을 공수했다. 교회 청년이 문자메시지로 자세하게 보내준 요리 방법대로 열심히 김치를 볶았는데, 결과는 영 시원찮았다. 혹시나 싶어 여러 번 맛을 봤지만, 역시나 별로였다. 아침 반찬은 이것뿐이고 다른 것을 준비할 여유도 없었다. 별 수 없이 아이들에게 양해를 구하고 억지로라도 먹여야 하는 상황이었다.

아침 준비를 대충 끝내고 나서 아직도 일어나지 않은 아이들을 깨웠다. 꿈쩍하지도 않았다. 시간은 이미 8시 30분을 지나고 있었다. 방학이라고 한없이 늘어질 태세였다. 난 10시까지 미혼모 센터에 가서 시무예배를 드려야 했고, 그 후로도 할 일이 쌓여 있었다. 그런데 이 녀석들은 자기들이 직접 세운 계획도 무시하고 살아간다. 아침부터 속이 뒤틀리기 시작했다.

사랑으로 시작한 아침의 수고가 '자기의'에 바탕한 분노로 바뀌고 있었다. 속에서 서서히 끓어오르다 마침내 입에서 화염이 터져나왔다.

"김윤영, 윤서, 윤지, 당장 일어나지 못해! 지금이 몇 신 줄 알아? 아빠가 오늘 얼마나 할 일이 많은데, 도와주지는 못할망정 이러고 늘어져 있냐. 이놈들아, 빨리 일어나!"

갑자기 집안이 아수라장이 되었다. 그래도 맨 먼저 나온 건 둘째 윤서다. "추워, 추워" 하면서 이불을 뒤집어쓴 채 엉금엉금 기어 나왔다.

"윤서, 얼른 옷 입고 나와!"

아빠의 닦달에도 아들은 이불만 끌어당겼다. 그래도 녀석은 움직이기라도 한다. 춘녀는 아무 반응이 없다. 그대로 두면 오전 내내 잠으로 때울 것이다. 전날 저녁 식탁에서 영화 〈레 미제라블〉 이야기를 하다가 "레 미제라블이 장발장이야?" 하고 묻는 춘녀의 무식함에 걱정이 앞섰는데, 무식하면 잠이라도 줄여야지 녀석은 오히려 더 한다.

에라, 모르겠다. 분노 작렬이다! 플라스틱 컵 세 개를 하나씩 던져 깨뜨렸다. 아빠가 지금 이만큼 화났다는 항거였다. 잠이 달아난 아들이 눈이 휘둥그레져서 쳐다봤다. 겨우 어기적대며 나오는 춘녀는 무슨 일이 있었는지조차 모르는 눈치였다. 아, 또 버럭한 아빠만 홀로 억울할 따름이었다.

맛없는 아침식사를 겨우 먹였다. 덜그럭 달그락 요란스레 소리를 내며 설거지를 마치고 서둘러 미혼모 쉼터에 설교를 하러 갔다. 가는 내내 머릿속이 하얗게 변해갔다. 무슨 설교를 하기로 했지. 무슨 말을 해야 하지. 이렇게 새해를 시작하고 싶지 않았는데….

사랑으로 시작한 아침의 수고가
헛되지 않기를

온갖 자책을 하면서 설교 본문을 겨우겨우 떠올려가며 차를 운전했다. 어찌어찌 설교를 마치고 집으로 돌아오니, 오전 간병 담당인 여사님이 와 계셨다. 잘 됐다 싶어 여사님에게 김치 볶는 법을 여쭈고 현장 실습으로 배웠다. 정말 맛있었다. 여사님의 경지에 이르려면 얼마나 더 요리를 해야 할까.

　여사님이 돌아가고 잠시 비는 시간에 아침의 일이 떠올랐다. 왜 그렇게까지 화를 냈을까. 그냥 넘어가면 될 일인데…. 아, 지겹도록 지독한 본성이여, 제발 내게서 떠나가다오. 난 끔찍이도 네가 싫다는데 왜 넌 이토록 내 안에서 살아 역사하는 거냐. 다시 말하건대, 내게서 속히 떠나가라, 부디 없어져라, 다시 돌아오지 마라.

　새해 초부터 기도가 부족했나 보다. 작심하지도 않았는데, 3일을 못 버티고 성질을 드러내고 말았다. 그래도 포기하지는 말아야지. 죄 된 본성의 회복을 위해 남은 한 주간을 순종하며 살리라.

춘녀의 장난감

특별새벽기도회 첫 설교를 마치고 집에 돌아오는 길이었다. 차 안에서 아이들에게 물었다.

"아빠가 새벽에 한 설교 기억 나?"

막내 윤지만 빼고 둘이 일어나서 예배에 나와 꽤 열심히 듣는 눈치였기에 아이들의 반응을 알고 싶었다. 내가 묻기 무섭게 춘녀의 입에서 황당한 대답이 튀어나왔다.

"토할 것 같아. 속이 울렁거려서."

헉, 토할 것 같다니…. 물론 아빠의 설교가 그렇다는 얘기는 아니었지만 이렇게 예술적인 타이밍이 또 있을까.

곁에 있던 아들이 더듬거리며 주섬주섬 읊어댔다.

"지구가 집이다. 도시생활에서는 하나님을 경외하는 마음이 희미해진다."

오호, 꽤나 핵심적인 내용을 기억하고 있다. 동생 말을 듣던 춘녀가 끼어들었다.

"늙어서 시골 가서 살고 싶다."

와, 제법이다. 설교 중에 그런 말도 했는데, 그런대로 집중해서 들었나 보다. 대견해서 춘녀에게 말했다.
"이야, 안 졸고 들었네. 그걸 기억하는 거 보면."
내 말이 끝나자마자 바로 찬물을 끼얹는 춘녀.
"아니, 그냥 평소에 아빠가 자주 하는 말이잖아. 시골 가고 싶다고."
그러면 그렇지, 내가 뭘 기대하랴. 새벽부터 춘녀에게 또 한방 먹었다. 하루가 다르게 매서워지는 그녀의 말재간을 당해내기 어려워진다. 난, 아빠가 아니무니다. 춘녀의 장난감이무니다.

추억 만들기

사춘기 딸 춘녀와의 여행을 앞두고 주변에서 멋진 아빠라고 칭찬해 줘서 마음이 우쭐해졌다. 그러나 교직생활을 하는 분들의 권면은 굉장히 실제적이고 실전적이었다.

"목사님, 깊은 인내를 경험하실 것 같네요."

그 한마디에 잠시 아득해지면서 앞으로 펼쳐질 사흘간의 여행이 눈에 보이는 듯했다.

아니나 다를까, 여행 출발 아침부터 아빠의 인내를 시험하려는지 춘녀는 자기 아침밥만 챙겨서 먹었다. 우유에 탄 콘푸레이크 한 그릇을 폭풍 흡입하는 춘녀에게 빈정이 상해 한마디를 날렸다.

"너 혼자만 먹냐? 아빠도 좀 챙겨라."

그런다고 줄 놈이 아니다.

"아빠, 콘푸레이크는 몸에 별로 안 좋아."

"얌마, 운전기사 노릇 시키려면 밥은 줘야 할 거 아니냐."

여차하면 파업 분위기를 연출해서 밥그릇 챙기려 기를 써보지만, 곧바로 착한 고용주 모드의 답변이 돌아왔다.

"그러니까 운전기사는 몸에 좋은 걸 먹어야지."

춘녀와의 여행이 사서 하는 고생이 될지도 모른다. 그렇지만 아이들이 부모 곁을 떠날 날이 멀지 않았다. 모든 것이 너무 빨리, 너무 쉽게 떠난다. 지나고 나서야 함께 누리지 못한 아쉬움을 그리워하기보다는 함께 누린 추억을 그리워하는 삶을 살고 싶다.

따스함을 담아 부르는 말, 여.보.

춘녀와의 여행에 춘녀 친구 둘을 함께 데리고 갔다. 그중 한 명이 '남친'을 사귄다. 어쩌다가 그 아이와 남친이 서로 통화하는 걸 듣게 되었다.

"여보, 지금 뭐해?"

처음엔 내 귀를 의심했다. 잘못 들었겠지. 그런데 몇 번씩이나 '여보'란다. 알고 보니 서로 그렇게 부른단다. 겉으로 내색은 안 했지만, 기겁을 했다.

'여보'는 사람을 부를 때 '여기 보시오'라는 말을 줄여 사용한 단어라고 사전에 나오지만, 지금은 결혼한 부부가 서로를 부를 때 사용하는 말이다. 그런데 중학교 3학년 또래끼리 이성교제하는 상대방을 '여보'라고 부르니, 어찌 놀라지 않을까.

우리 부부는 신혼 때 다세대 주택에서 살았다. 우리는 결혼하자마자 서로를 '여보'라고 자연스럽고도 당연스레 호칭했다. 내가 퇴근할 때마다 집 문 앞에서 안을 향해 큰 소리로 불렀다.

"여보, 나 왔어!"

그러면 아내가 웃는 얼굴로 문을 열며 나왔다.

"응, 어서 와. 여보!"

갓 결혼한 신혼부부가 아주 자연스럽게 서로를 '여보'라고 부르는 게 이웃에서 보기에는 흥미로웠나 보다. 젊은 신혼부부가 어쩜 그렇게 서로를 능청스레 여보라고 부르냐며 놀리던 기억이 떠오른다. 결혼한 부부가 서로를 여보라고 부르는 게 그리도 별일이었을까.

내 주변에는 부부가 서로를 여보라고 부르기보다 '오빠', '○○ 아빠', '○○ 씨' 등으로 부르는 경우가 많다. 그런데 정작 10대들은 서로를 '여보'라고 부르는 세태를 어찌해야 할까.

날마다 수도 없이 부르는 말, 그토록 정겨운 말, 여보. 나는 지금 들을 수 없다. 언제쯤 다시 들을 수 있을까.

10대들끼리도 쓰는 이 호칭을, 이 땅의 모든 부부들이 서로 따스함을 담아 열심히 불렀으면 좋겠다.

'여보'라고.

재미로 사는 아들

금요기도회를 앞두고 바짝 독이 올라 있었다. 예배 준비에 집중하지 못하고 씩씩대며 화를 삼키는 중이었다.

아들과 오래전부터 해온 약속이 있다. 외부 일정 탓에 집을 비울 때는 어쩔 수 없었지만, 지금까지 변함없이 지켜온 약속이다. 일요일 말고도 수요일과 금요일에 교회를 가는데, 만약 아들이 수요일에 못 가면 금요일에 가기로 굳게 약속하고 지켜왔다.

학교에서 돌아온 아들에게 평소처럼 말했다.

"윤서야, 이따 금요기도회 가자."

"싫어요. 재미없고 심심해."

모든 것의 기준을 재미로 판단하는 이 병을 누가 고칠 수 있을까. 최대한 차분히 설득하고 이해시키려 했다.

"아들아, 모든 것을 재미로 할 수는 없다. 아빠가 널 대할 때 재미있고 없고를 기준으로 삼으면 넌 어떻게 되겠니? 용돈 줘야 할 때, '아이, 재미없다' 하고 안 줘도 될까? 밥을 줘야 하는데, '아, 심심하다' 하면서 안 차려줘도 될까? 학교에 가져갈 학용품을 사야 하는데 '별로 재미

없다' 하면서 학용품 살 돈을 안 줘도 될까?"

차분히 설명하고 설득하는 내 말에 아들은 서슴지 않고 고개를 끄덕였다. 그렇게 하란다. 속에 천불이 인다. 확 때릴 수도 없고. 뭐 이러냐, 아들이….

모든 기준을 '재미'에 두는 이 아들을 변화시킬 방법은 없을까?

춘돌이의 사춘기

아들을 '춘돌이'로 부르기 시작했다. 그때가 찾아왔다. 사춘기가 이 녀석을 가만 놔둘 리 있겠는가. 충동의 시기, 반항의 때가 온 것이다. 인간에게는 누구나 일평생 쓰고 죽어야 하는 '지랄'의 양이 정해져 있다는 이른바 '지랄 총량의 법칙'을 따라야 할 때가 찾아온 것이다.

충동과 무질서, 반항과 저항을 경험하며 성숙한 인간이 되어가는 과정은 하나님의 신비다. 삶을 신비라고 말하는 이유는 삶의 중심이

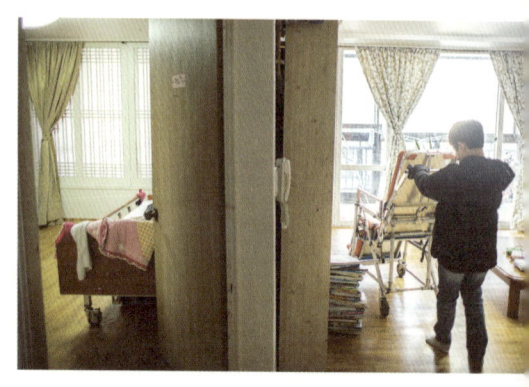

인간이 아니고 하나님이시기 때문이다.

　우리는 철저하게 인간이 삶의 중심이라고 말하는 시대를 살지만, 하나님은 단 한 번도 당신의 주권을 내려놓으신 적이 없다. 망가질 것 같고, 부서질 것 같고, 더 악해질 것 같은데도 긍휼이 흘러가고, 공동체가 존재하고, 보듬어주는 사람들이 존재한다.

　아들에게 찾아온 사춘기는 점점 부모를 떠나서 온전한 인격으로 자라가는 과정이자, 하나님과 연합하는 자녀로 자라가는 과정인 것이다. 나는 다만, 춘돌이의 삶이 부모나 권위에 대한 반항과 저항으로부터 악한 자기 본성에 대한 반항과 저항으로 나아가게 되기를 바란다.

충동과 무질서를 경험해야 성숙한 인간이 된다.

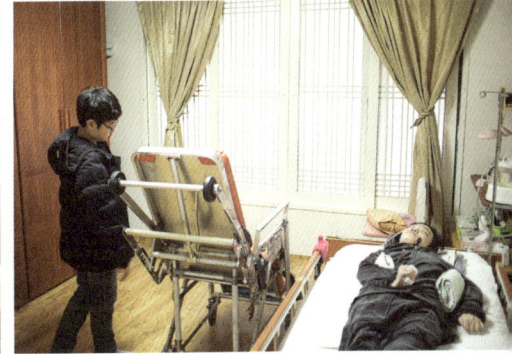

아들에겐 복음, 아빠에겐 복통

하루 종일 《만화 삼국지》를 보면서 뒹굴거리다가, 그마저도 심심하면 핸드폰을 만지작거리던 아들이 갑자기 "대박!" 하고 소리를 질렀다. 이 녀석이 또 뭔 일인가 싶어 가만 앉아 기다렸다. 아니나 다를까 흥분해서 서재로 곧장 튀어 들어왔다. 손에는 어린이 잡지 〈고래가 그랬어〉가 들려 있다.

"아빠! 아빠! 대-박!"

"뭔데?"

"이 잡지 완전 대박이야!"

그러더니 뒷면에 실린 광고를 펴서 큰소리로 읽었.

"아이에게 가장 중요한 공부는 마음껏 놀기입니다."

다 읽고 나서 기고만장한 표정으로 기세등등하게 말했다. "봤지, 아빠? 마음껏 놀기가 최고의 공부라잖아!"

그러더니 거의 공중부양 수준으로 방방 뛰어다니면서 "나는 지금 공부하고 있다"를 외쳐댔다. 어린이 잡지를 만드는 어른들은 이런 어린이 독자를 예상하고 만들었을지 궁금해졌다. 이런 광고가 우리 아들

이들에게 찾아온 사춘기
하나님의 자녀로 자라는 귀한 과정

녀석 같은 어린이들에게는 '복음'일지 모르나, 나 같은 애비에게는 '복통'이 된다.

한 차례의 소란이 지나간 뒤 아빠와 함께 차를 타고 나가다 역 근처에 내걸린 현수막을 뚫어져라 쳐다보는 아들. 아니, 뭐가 쓰여 있기에 저리 열심히도 보나 싶어 현수막을 보니, 속에서 '헉!' 소리가 나왔다.

"마을이 학교다."

기가 찬 타이밍에 기가 막히는 문구다. 아니나 다를까 아들 녀석이 깊은 확신에 차서 말했다.

"아빠, 마을이 학교래. 나 이제 따로 학교 안 가도 되지?"

우리 아들, 하루가 다르게 진화하는 춘돌이의 면모를 제대로 보여주는구나, 어휴….

누워 사는 여자들

"일어나라."
"…."
"이제 일어나!"
"…."
"이제 그만 일어나란 말야!"

아빠의 큰 소리에 아들이 먼저 일어났다.
그러나 막강 춘녀는 꿈쩍 않고 귀 막고 주무신다.
아들이 한마디 했다.
"우리 집 여자들은 왜 안 일어나는 거야!"
윤지가 뒤늦은 대꾸를 했다. 아주 신경질적으로.
"이그, 일어났잖아."
그때 내가 한마디 더 보탰다.
"우리 집은 큰 여자일수록 안 일어나."
윤서가 마침표를 찍었다.
"우리 집 여자들은 누워서 살아요!"
내일 아침 우리 집 풍경은 또 어떤 모습일까?

오늘은 천 원만!

춘녀는 학교 갈 때마다 차비를 받아 간다. 그래서 아침마다 항상 천 원을 요구한다. 그러면 난 언제나 2천 원을 준다.

오늘 아침도 변함없이 차비를 달란다.

"돈 줘."

당연한 일! 미리 준비해둔 2천 원을 꺼내주었다.

"아니, 천 원만 줘."

뭐라? 내가 잘못 들었나 싶어 잠시 멍하니 있다가 다시 2천 원을 건넸다.

"그냥 딱 천 원만 줘."

그냥 딱 천 원만 달라는 말에, 이제야 우리 딸이 애비의 고단함을 알았구나, 돈 벌기가 얼마나 힘든지 알았구나 하는 마음에 감격이 찾아왔다. 이제 어른이 된 듯한 딸의 성숙한 태도를 보면서 두둥실 마음이 부풀어올랐다. 공부하는 습관만 잘 들이면 내 역할도 끝이다! 그렇게 짧은 시간 동안 오만 가지 환상을 펼치던 애비를 내리치는 죽비 같은 춘녀의 한마디.

"천 원 더 주면 가서 또 과자 사 먹잖아. 그러면 살쪄."

돈 아껴 쓰라는 애비의 말보다, 살 찌는 게 두려워서 돈 안 쓰겠다는 뭐 이따위 딸이 다 있냐. 아빠 주머니 사정보다 자기 몸매가 더 중요하다는 춘녀. 근데 버스는 왜 타니? 이왕이면 몸매를 위해 걸어다녀라. 앞으로 쭈-욱!

어느 막내딸의 치사랑

"아빠, 내일 5시에 깨워줘."
엉? 이건 뭔 말이래? 잠들기 전에 큰딸 춘녀가 한 말이다.
"내일 새벽기도 갈 거니까 꼭 깨워줘야 돼."

"왜? 무슨 일 있니?"

아빠의 물음에 춘녀가 한 얘기는 이랬다. 친구 송이(가명) 집안에 어려운 일이 생겼다. 송이 엄마는 딸 넷을 낳고 일찍 세상을 떠났다. 송이는 그 가정의 막내딸이란다. 아빠는 경찰 공무원인데, 경제적인 사정 때문에 자동차 정비 일을 따로 배우고 계신다. 그런데 며칠 전 정비소에서 일을 하시다가 머리가 깊이 파이는 큰 상처를 입었다. 아빠가 힘들어 보여 마음이 아팠던 송이는 아빠를 위해 기도해야겠다고 결심했다. 그런데 친구 아빠가 목사라서 우리 교회에 새벽기도를 오겠다고 했다는 것이다.

새벽 5시. 약속대로 송이에게서 전화가 왔다. 약속 장소에서 만나 나는 진심 어린 칭찬을 했다.

"송이야, 너 정말 기특하고 대견하다. 네가 이렇게 아빠를 사랑하는 마음으로 기도하니까, 너네 아빠 금세 일어나실 거야. 아무런 걱정도 하지 마라!"

송이 아빠가 잘 이겨내실 거라 생각했다. 막내딸 송이의 진한 사랑을 받고 있으니.

송이야, 우리 춘녀 곁에 항상 같이 있어주겠니? 우리 딸 믿음 좀 자라게.

한 시간짜리 아동 학대

오랜만에 아들의 수학문제 풀이를 챙겼다. 한때 수학만큼은 꽤 한다 했는데, 이젠 쉽지 않음을 느꼈다. 아들에게 문제를 풀게 하고 채점을 하고 난 뒤, 틀린 문제들을 다시 풀게 했더니 한 시간이 지나갔다.

아들이 시계를 보더니 한마디 했다.

"아빠, 너무 많이 시키는 거 아냐?"

아들의 말에 뚜껑이 열릴 뻔했지만 겨우 내리눌렀다. 겨우 문제집 5페이지, 그나마 어쩌다 한 번 푸는데 너무 많이 시킨다고 야단이었다. 아빠의 단호한 표정에 담긴 의지를 읽은 춘돌이, 슬쩍 한마디 더 보탰다.

"근데 너무 늦게까지 아동을 학대하는 거 아냐?"

"습~" 하면서 내가 눈을 부라렸더니 아들은 "나 6시도 못 돼서 들어왔어" 했다. 춘돌이 통금시간은 오후 6시. 자기 딴에는 통금 전에 일찍 들어와서 공부했다는 소리였다.

에고, 주일보다 더 힘든 월요일 저녁이여! 아이들과 놀아도 힘들고, 공부시켜도 힘들다. 다행인 건, 그래도 아이들이 사랑스럽나는 거다.

두 남자의 심야 수다

남자 둘이서 수다를 떤다. 우리 집 여자 셋을 씹으며 '폭풍 수다'를 떤다.
"아빠, 내가 퀴즈 낼게. 맞춰봐."
"오케이."
"우리 집에서 제일 말 안 듣는 여자는?"
"춘녀!"
"우리 집에서 아무 일도 안 하는 여자는?"
"마누라!"
"그럼 우리 집에서 항상 징징대는 여자는?"
"막내!"
밤은 깊어가는데 수다는 끝날 줄 모른다. 늦은 밤에 닭날개를 뜯으며 아들과 둘이서 '수다삼매경'에 빠지다.
시원하고 즐겁다. 사막 같은 인생 곳곳에 이런 오아시스가 있다.

목사가 사람을 버려?

"아빠, 뭐해?"
"응, 아빠 친구들이 너무 많아서 정리하는 중이야."
페이스북상에서 친구를 정리하는 아빠를 보고 아들이 말을 걸어왔다. 내 말을 듣더니 아들이 한마디 날렸다.
"무슨 목사가 사람을 버려! 그러고도 목사야?"
그놈 참, 사람 할 말 없게 만든다. 아빠를 한순간에 목사 자격 없는 인간으로 추락시킨다.

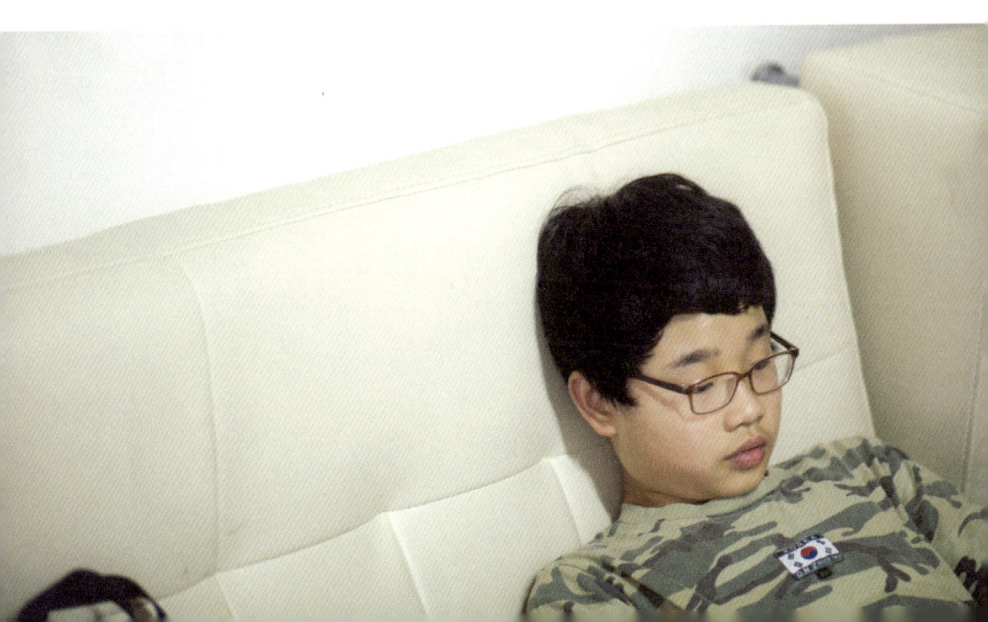

그래, 목사가 사람을 버리면 안 되지. 그런데 친구 신청을 감당할 수 없으니 어쩌겠냐. 페북 친구가 아니어도 아빠 글을 함께 읽고 나누려면 이게 최선이란다. 네가 이런 아빠의 깊은 맘을 알 턱이 있겠냐. 이제 그만 조용히 자라, 욘석아!

그것도 몰랐어?

아침마다 정리정돈을 누가 할지 결정하느라 한바탕 소란이 벌어진다. 당번이 정해지더라도 문제는 남는다. 끝까지 버티고 뻗대고 뭉개는 춘녀가 복병이기 때문이다.

오전 11시가 개학식인데, 깨워도 깨워도 잠을 잔다. 춘녀는 자기만의 시간표가 있어서 그에 따라서만 움직인다. 막내는 아직 할 수 있는 일들이 아주 미미하다. 하기야 뭐니 뭐니 해도 가장 큰 어려움은 우리 집에서 제일 밥 많이 먹은 여자가 지금은 아무 일도 못한다는 거다.

우리 집 여자들 일 시키려면 내 속이 다 숯가마가 된다. 속을 조금이나마 덜 끓이려고 내가 나서서 해버린다.

"우리 집에서 일하는 사람은 남자들뿐이야."

오늘도 아들과 둘이서 위안 삼아 늘 하는 말을 늘어놓다가, 문득 녀석이 귀하다는 생각이 들어 칭찬 한마디를 날렸다.

"아들아, 살아갈수록 네가 귀하다는 걸 깨닫는다."

"그것도 몰랐어?"

녀석의 당당한 반문에 내심 놀랐다. 짜아식, 으스대기는….

아들의 문자 메시지

"응."

아들이 보낸 짧은 응답 메시지가 들어왔다.

한 달에 한 번 모이는 지역 목회자 모임이 진행되는 중이었다. 이른 아침부터 집을 나온 탓에 등교를 앞둔 아들에게 어쩔 수 없이 문자메시지를 보냈다.

"윤서야, 아빠가 목사님들 모임 때문에 나갔다 와야 하니까, 학교 좀 늦더라도 네가 엄마 좀 돌봐주렴."

아빠가 보낸 메시지에 아들이 한 글자로 답한 것이었다. 아빠의 부탁 문자에 아들은 등교를 미룬 채 아침 8시 40분까지 혼자 엄마를 돌보게 되었다.

모임이 끝나갈 즈음, 아들에게 다시 메시지를 보냈.

"이제 학교 가도 돼. 수고했어."

"응."

두번째 받은 아들의 짧은 응답 메시지가 마음을 울렸다. 핸드폰 창에서 눈을 떼지 못한 채 한동안 뚫어져라 바라보았다.

평상시와 다를 바 없는 아들의 대답인데, 여느 때와는 다른 무게로 마음을 두들겼다. "응" 하는 문자메시지가 "나 힘들어" 하고 외치는 소리로 들렸던 것이다.

그 메시지는 다름 아닌 내 안에서 울려나오는 것이기도 해 더 아프게 다가왔다.

닮는다는 것

한 집에 살면 성품이 닮아간다. 심지어 얼굴도 닮는다고 한다.

자식이 부모를 닮듯 한 집에 사는 부부는 한 마음이 될 때 서로를 닮는다. 한 몸, 한 마음으로 평생을 살아가면 서로의 좋은 점을 닮아가려고 노력하기도 한다. 한 집에서 연합하여 살다 보면 성품이 닮고 얼굴이 닮아간다.

그러나 마음이 떠나고, 몸이 연합하지 않는 부부는 살수록 서로의 다른 점만 자라간다. 한 여자와 더불어 마음을 같이하여 이만큼 살다 보니, "목사님, 귀여워요!"라는 말도 듣는다. 결코 내가 귀여워서가 아니다. 아내가 귀여우니까 내가 아내의 귀여움을 닮는 모양이다. 마음 씀씀이도 닮아간다. 참을성이 비교적 많아졌다. 습관도 비슷해져 조금은 신중해졌다.

닮고 싶지 않은 것도 있다. 병은 닮고 싶지 않다. 아내는 비록 누워 지내더라도, 나는 건강히 살아야 한다. 오늘 우리 부부가 존재하는 방식은 달라도 주님만은 꼭 같이 닮고 싶다. 누운 채로도 닮고, 건강한 상태로도 닮고 싶다.

두려움을 몰아내는 비결

어제, 교회로 케이크가 배달되었다. 아내와 생일이 같은 아내의 친구가 보낸 것이었다. 그는 아내가 결혼하기 전부터 친하게 지낸 믿음의 벗이다. 근데 남자다. 결혼해서 애 낳고 잘 살고 있다. 생일이 같다고, 잊지 않고 친구를 기억해준 아내 친구가 참 고맙다.

아내가 병상에 누운 후 여덟 번째 맞이하는 생일이다. 결혼하여 건강하게 8년을 살았고, 아픈 가운데 8년을 보냈다. 지금껏 건강하게 살아온 시간보다 더 긴 결혼생활이 아픔 속에서 오늘도 시작된다. 오늘부터 시작하는 새로운 삶, 아픔이 길어지지만 사랑도 커진다.

춘녀 일행과 여행을 다녀와서 맨 처음 한 일은, 그동안 페이스북에 올린 글을 아내에게 읽어주는 것이었다. 내용이 재밌는지 아내가 연신 웃다가 기침을 했다. 아내는 웃으면 꼭 기침을 하거나 가래를 뱉는다. 웃느라 흥분해서 그렇다.

장애인들은 사람 관계가 끊어지는 것을 두려워한다. 헬렌 켈러는 "의사소통이 안 되는 농아인보다는 차라리 시각 장애를 선택하겠다"라고 말했다. 그만큼 여러 장애 가운데 언어 장애가 가장 힘들다고 한다.

관계가 끊어지는 두려움 때문이다. 두려움은 어려움을 해결하는 데 아무 도움이 안 된다.

아내의 질병보다 나를 더 힘들게 한 건 앞일에 대한 두려움이었다. 지난 일에 대한 뼈 아픈 회한도, 미래에 대한 두려움에 비할 바가 아니었다. 고통은 수시로 내 귀에 속삭였다. '소유를 하나라도 더 채워서 스스로 자신을 보호해야 한다.'

고통은 수시로 두려움의 광풍을 몰고 왔다. '내일도 똑같은 고통을 겪으며 살 수 있는가.' 미래에 대한 거짓 소망이 나를 자주 흔들었다. 두려움은 고통을 견디기 어렵게 했고, 다른 사람들을 의심하게 만들었다. 두려움은 내 속에 분노와 원망을 자라게 하여 주변 사람들에게 폭탄을 터뜨리게 했다.

그런데 사랑이 내 속의 두려움을 몰아냈다. '오늘' 아내를 사랑하고, '지금' 필요한 일을 하고, '당장' 할 일을 감당함으로 두려움을 내쫓기 시작했다. 두려움은 사랑을 가장 싫어한다. "사랑 안에 두려움이 없고 온전한 사랑이 두려움을 내쫓나니 두려움에는 형벌이 있음이라. 두려워하는 자는 사랑 안에서 온전히 이루지 못하였느니라." 요일 4:18 그래서 사랑은 언제나 현재형이다. 사랑이 자랄 때 두려움은 사라진다. 사랑은 미래를 '향한' 헌신이되, 미래를 '위한' 수고는 아니다. 현재에 자족하는 사랑의 수고가 두려움을 몰아낸다.

품는 것이 사랑이다

　모든 장애는 다 힘겹다. 농아인이나 청각 장애인, 시각 장애인… 누구 하나 힘들지 않은 장애가 있으랴.
　뇌병변 1급 판정을 받은 아내는 입과 눈의 기능을 잃었다. 시력은 건강해도 자율신경을 잃은 탓에 눈도 뜨지 못한다. 눈을 뜨지 못하니 볼 수 없고, 구강이 건강해도 입을 열지 못하니 말할 수 없다. 손과 발의 기능도 마찬가지다. 오직 듣는 기능만 살아 있을 뿐. 그럼에도 들을 수 있어 웃는다. 듣기만 해도 좋아한다. 성경에도 "사람마다 듣기는 속히 하고 말하기는 더디 하며 성내기도 더디 하라"약 1:29고 했는데, 10년 가까이 듣기만 하는 이 여자는 참 하나님의 사람이다. 이것도 순종이다. 온몸으로 말씀에 순종하니 더 이상 뭘 요구하랴.
　온전히 귀 기울여 듣되 말은 전혀 하지 않는 내 아내는 참 하나님의 사람이다.
　아내 앞에서 내 입은 쉬지 않는다. 누워도 말하고, 일어나도 말하고, 아침에도 말하고 저녁에도 말한다. 아이들과 장난을 쳐도 아내 침상 옆에서 한다. 아내로 인해 입을 한 번 열면 낯시 않는다.

입을 열어 떠들다가 지치면 아내의 팔을 쓰다듬는다. 촉각이 살아 있는 아내에게 팔을 쓰다듬으며 사랑을 전한다. 말하기와 쓰다듬기. 건강한 부부들에게는 보잘것없겠지만, 내게는 사랑을 전하는 소중한 도구다. 그리고 내 사랑을 표현하는 전부다.

10년 가까이 낫지 않는 병을 고치려 애쓰기보다, 병든 아내와 사는 법을 배우는 것이 더 중요하다. 고치려다가 오히려 망치는 경우가 허다하기 때문이다. 고치려고만 하다가 함께 사는 법을 놓쳐버린다. 지금 할 수 있는 것들은 버려둔 채 한방에 낫게 할 궁리에만 매달린다.

병든 아내를 품고 사는 것은 사랑을 필요로 한다. 상황을 바꿀 수 있는 능력이 아니라 상황을 품을 수 있는 능력을 요구한다.

나도 아내의 병을 품고 싶지 않았다. 그건 내 인생에 돋아난 가라지 같았다. 성질대로 확 뽑아버리고 싶었다. 처음엔 가라지인 줄 알고 뽑으려 애썼지만, 결국 뽑아버릴 수 없어 품고 살아간다.

지금, 아내의 병은 가라지가 아니다. 낫지 않아서, 인생에 없어야 할 것으로 생각해 쉽게 가라지로 여겼지만, 지금은 아니다. 품으면 된다. 낫지 않는다고 버릴 수는 없다. 품어야 한다. 그게 사랑이다.

그리운 당신 목소리

싱글 시절, 내 기도 제목 중 하나는 '기도하는 여자를 아내로 맞이하는 것'이었다. 결혼을 하고 보니 아내는 기도하는 여자는 아니었다. 기도하는 척하는 여자였다. 병으로 눕고 난 뒤, 이제 아내는 기도밖에는 할 게 없다. 아내로서 남편에게, 엄마로서 자녀에게, 사모로서 교회에 할 수 있는 일이 아무것도 없다. 오직 누워 기도만 할 뿐이다.

아내는 지금 '기도만 하는 여자'가 되어 있다. 배우자에 대한 기도 제목이 이렇게도 이루어지는 걸까. 아, 난 기도만 하는 여자는 싫은데…. 기도하는 척하는 여자도 좋은데….

스탠리 하우어워스는 내가 좋아하는 신학자다. 그는 다양한 급진적인 신학 서적들을 저술하여 기독교사회에 항상 경종을 울려온 우리 시대의 예언자 같다. 그가 어느 날 풀러신학교에서 강연을 하게 되었다. 그날 강연은 신학에 관한 것이 아니었다. 그저 자신의 삶, 특히 고통 가운데 있는 자신의 삶을 나누었다.

그는 무려 23년 동안 정신병을 앓는 아내를 돌보며 살았다. 그의 아내는 동료 교수 앞에서 옷을 벗고 유혹하기도 했고, 심지어 자살을 시

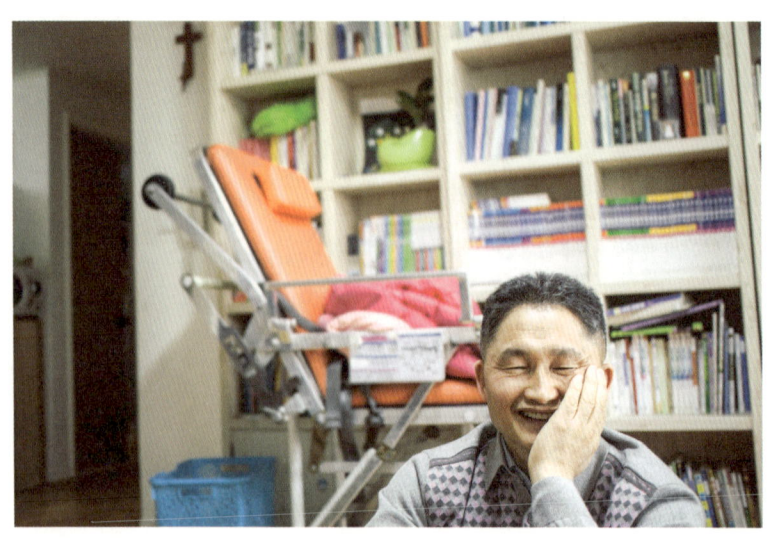

지금도 아내의 친밀한
말 한마디가 그립다

도하기도 했다. 스탠리 하우어워스는 아내가 죽은 지 5년이 지난 뒤에야 그 이야기를 꺼냈다. 강연에서 그는 청중을 향하여 이렇게 말했다. "여러분, 제가 목사라고 해서 지난날의 상황을 아무런 고통 없이 기도로 이겨냈을 거라고는 결코 생각하지 마십시오."

아내가 아픈 동안 그는 부부관계를 그리워했노라고 솔직하게 고백했다. 그러면서 부부관계보다 더 그리운 것이 있었다고 덧붙였다. "무엇보다 병든 아내가 저를 사랑스럽게 부르는 말을 듣고 싶었습니다. 아내가 저를 '여보'라고 부르는 그 친근한 한마디, 그 목소리가 그리웠습니다."

성적인 친밀함을 넘어 다정한 사랑의 언어, 일상 속의 소소한 친밀감을 누리고 싶었다는 것이다.

나도 그렇다. 지금도 아내의 말 한마디가 그립다. 아내가 안방의 병상에 누워 있지만, 아무런 말을 들을 수 없어서 외로웠다. 늦은 시간 퇴근해서 집으로 들어갈 때, 아내가 나를 반기며 "당신이에요? 어서 와요, 여보"라고 반기는 목소리를 듣고 싶다.

사람 사이라는 게 말로 듣고 마음으로 이해하는 것 아닌가. 그러니 말을 할 수 있는 지금, 대화를 나눌 수 있는 지금, 각자 배우자에게, 벗에게, 사랑하는 이에게 마음을 담은 한마디 말을 건넬 일이다. "사랑한다"고. 아니, 그저 "네"라는 대답이라도 친근함을 담아.

새벽기도를 마치고 돌아온 지금, 아내의 다정한 말 한마디가 정말 그립다.

자라지 않은 사랑

가수 김종환의 노래 〈백년의 약속〉을 듣다 나도 모르게 눈물이 흘렀다.

> 30년쯤 지나 내 사랑이 많이 약해져 있을 때
> 영혼을 태워서 당신 앞에 나의 사랑을 심겠다.

가수는 자신의 사랑이 30년쯤 지나서야 많이 약해졌다 했는데, 이제 겨우 8년의 아내 간병으로 식어버린 내 사랑을 보았다. 식어버린 사랑을 회복하려는 의욕조차 없는 나의 냉랭함을 보았다.

자라지 않는 사랑은 죽은 사랑이다. 죽은 사랑으로는 '백년의 약속'을 지키지 못한다.

사랑 참 어렵다.

죽도록, 죽을 때까지

"여보, 당신은 나를 죽도록 사랑하고, 나는 당신을 죽을 때까지 사랑하면 되는 거야."

나른한 봄날 오후, 아내 곁에서 나직이 읊조렸다. 그래, 우리 서로 죽도록, 죽을 때까지 사랑하면 되는 거야. 특별할 것 없는 인생, 그렇게 살아가면 되는 거지.

그러나… 자신… 은 없다.

아내도 투표했다

내 아내 주연이도 투표했다.

아내가 병상에서 맞이한 두 번째 대통령 선거. 아파 누워 있어 멈춘 세상 같아도, 대통령 선거를 두 번이나 치를 만큼 시간이 흐르고 세상이 변했다. 멈추지 않는 세상에 동참하듯 내 아내 주연이도 투표에 참여했다. 병중에도 시민권을 행사했다.

병상에서 맞은 첫 대선 투표는 부재자 신고를 통해 집에서 참여했다. 이번 두 번째 대선은 투표소에 직접 가서 주권을 행사했다. 병상에 누운 채 7년 만에 투표소에서 투표하는 엄청난 도전을 감행했다.

투표를 하려고 줄을 선 시민들이 이동침대에 누운 채 들어오는 아내를 두려운 눈빛으로 바라보았다. 투표에 앞서 아내에게 후보자들의 개인 신상을 알리는 안내문을 읽어주었다. "여보, 기호 1번은… 기호 2번은…." 내가 후보의 이름을 댈 때 아내는 눈 깜박임으로 자신의 의사를 표현했다. 장애 1등급인 아내가 자신의 의사를 표현할 수 있는 수단은 눈을 움직이는 것이다.

내 아내도 투표를 했다. 내 아내도 민주 시민이다.

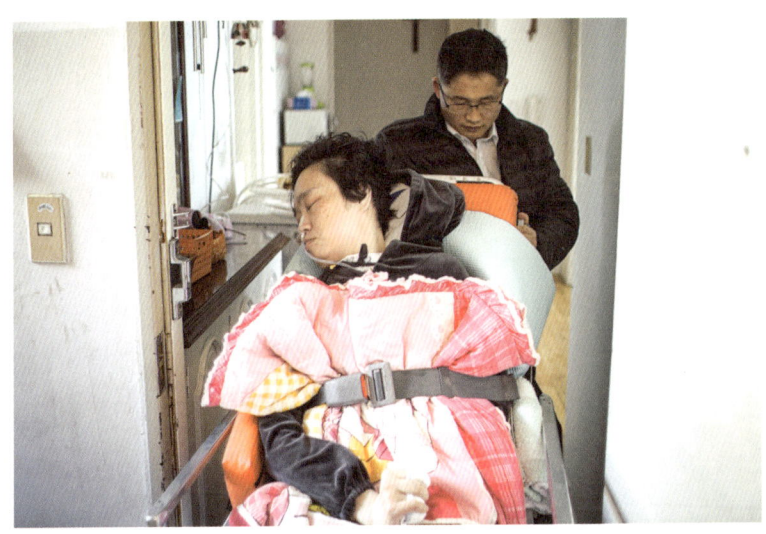

자신의 의사를 표현하는 눈 깜박임으로
아내도 투표했다.

왜 술을 만드냐고요!

처음 예수를 믿을 즈음, 성경에서 가나의 혼인 잔치 대목을 읽다가 나도 모르게 울었다. 어느 날, 어쩌다 다시 혼자서 가나의 혼인 잔치 이야기를 읽게 되었다. 그때는 아예 통곡이 터져나왔다.

"안 됩니다!"

마구 소리를 질렀다.

"싫습니다. 왜 술을 만들어요? 왜 술을 만드냐고요!"

그러고는 오래도록 눈물을 쏟았다. 술(포도주)이 떨어진 잔칫집에서 술을 만들어서 사람들을 즐겁게 하시는 예수님이 싫었다. 유대 사회에서는 엄격한 절제 훈련을 통해 포도주를 그저 물과 같은 음료로 사용한다는 사실을 알게 된 건 한참 나중 일이었다.

가나의 혼인 잔치 이야기를 읽다가 통곡을 하며 고래고래 악을 쓴 데는 이유가 있었다. 아버지에 얽힌 아픈 기억 탓이었다.

우리 아버지는 알콜 중독자였다. 일 년 내내 술독에 빠져 살았다. 그래서 나는 예수를 믿기 전에도 술을 입에 대지 않았다. 그런데 예수를 믿고 나서 성경을 보니, 결혼 잔칫집에 온 사람들이 2차를 하도록 예수님이 술을 만드시는 게 아닌가! 그때 내 심경이 어땠겠는가? 그 끔찍한 술을, 다른 사람도 아닌 예수님이 만드시다니…. 그래서였다. 그래서 그것만은 제발 안 된다고 정말 싫다고 울면서 고래고래 소리를 지른 것이었다.

 술은 싫어하지만 아버지는 그립다. 세상 일 마음대로 안 된다며 술에 취해 한세상 살다 가신 아버지가 그립다.

늙은 하나님

내가 여기까지 살아온 것은 순전히 엄마의 삶이 있었기 때문이다. 늘그막에 예수를 믿고 집사가 되신 엄마가 항상 빠뜨리지 않는 기도는 "우쨌든(어쨌든) 우리 아들 잘되게 해주이소"이다.

얼마 전 전화 통화를 하며 어머니께 물었다.

"엄마, 요새도 '우쨌든 기도' 하나?"

"인제 안 한다. 요즘은 주기도문으로만 기도한다 아이가."

"우와, 우리 엄마 기도 제대로 배웠네."

목사가 된 아들이 감탄사를 연발했다. 혈육에서 출발한 어머니와의 관계는 이제 성도의 교제로 새로워졌다.

내가 한동안 섬긴 적 있는 동안교회의 기도원에는 이런 액자가 걸려 있었다. "어머니의 사랑은 하나님의 사랑을 대신합니다."

난, 오늘 어머니를 만나러 간다. 하나님의 사랑을 받으러 가는 것이다. 이제 팔순이 되어 당신 몸도 잘 가누지 못하시면서 쉬지 않고 음식을 바리바리 담아주시는 '늙은 하나님'을 만나러 간다.

엄마를 부르면…

이해인 수녀님의 시 〈엄마를 부르는 동안〉은 이렇게 시작한다.

> 엄마를 부르는 동안은
> 나이 든 어른도
> 모두 어린이가 됩니다

아내를 간병하다가 너무 힘든 어느 날 어머니께 전화를 걸었다.
"여보세요."
전화기에서 흘러나오는 어머니의 목소리를 듣자마자 나는 "엄마!" 한마디만 하고는 대성통곡했더랬다. 엄마, 그 한마디면 충분했다. 그 말 외에 어떤 말도 할 수 없었고, 어떤 말도 떠오르지 않았다. 엄마를 부르는 동안 나는 어린이로 돌아갔다. 그때 처음으로 '엄마를 부르면 살 것 같다'는 이해인 수녀님의 고백을 이해했다. 쭈글쭈글한 엄마의 가슴은 하나님의 품이었다.

다음은 소설가 최인호 선생의 어머니에 대한 추억 힌 토막이다.

"인호야, 오늘 저녁에 뭘 먹고 싶으냐?"

"고기 반찬."

나는 소리 질러 대답하곤 하였지요. 그러면 어머니는 이렇게 말씀하셨지요.

"이다음에 니가 장가가서 색시를 얻으면 고기를 지져 먹든지 삶아 먹든지 구워 먹든지 고아 먹든지 볶아 먹든지 니 마음대로 사다가 실컷 처먹으려무나."

_ 최인호, 《어머니는 죽지 않는다》

우리 어머니는 이런 담력은 없으셨다. 당신이 굶고, 당신이 참고, 내가 먹고 싶은 건 내게 다 주셨다.

아동문학가 정채봉 선생은 이렇게 말했다.

"하나님은 당신의 손길이 미치지 못하는 곳에 엄마를 두셨다."

사랑 가득한 몸으로 현존하시는 하나님, 언제나 가까이 손닿는 곳에 계신 어머니, 내 어머니.

망구 씨

나는 어머니께 자주 전화를 한다. 전화를 걸면 어머니는 입버릇처럼 말씀하신다. "우리 둘째 덕분에 전화기가 운다"고.

"망구 씨! 둘째!"

난 엄마를 '망구 씨'라고 부른다. 할망구에서 따온 호칭이다. 남이 들으면 참 무례하다 나무라겠지만, 언제부터인지 우리 어머니와 나 사이에 '망구 씨'는 자연스런 호칭이 되었다.

내가 전화를 걸어 "망구 씨" 하고 부르면, 어머니는 무척 반가워하신다. 그러고는 늘상 세 가지 질문을 확인하고서야 다른 얘기로 넘어가신다.

"야야(애야), 안 바뿌나?"

"밥은 묵었나?"

"아는 잘 있나?"

여기서 '아'는 아내 주연이, 그러니까 당신 며느리를 가리킨다. 어린 손녀를 말씀하실 때는 반드시 '윤지는…' 하고 이름을 부르신다.

난 우리 엄마를 웃기는 특별한 재주를 가졌다. 얼마 전에는 전화를 걸어 이렇게 말했다.
"망구 씨, 윤지 결혼할 때까지 사세요."
그러려면 앞으로 최소한 13년은 더 사셔야 하는데, 아흔 넘어 백세 수百歲壽를 하셔야 하는데, 망구 씨 얼굴에는 하루가 다르게 검버섯이 늘어간다.

아들 보기 부끄러워

부모는 늘 자녀들에게 용서받으면서 사는 존재이다. 아이들이 내게 용서 구할 때보다, 내가 아이들에게 용서를 구할 때가 더 치명적인 잘못일 가능성이 크다.

한번은 이런 일이 있었다. 동생을 자꾸 귀찮게 하고 괴롭히는 아들을 말렸다. 그런데도 자꾸 동생을 못살게 구는 아들. 윤지가 좋아하는 인형을 숨기고 구기고 냅다 던져버리기를 반복했다. 마침내 오빠가 숨겨놓은 인형을 발견하고 끄집어내려는 찰나, 윤서의 방해로 인해 아내를 태우는 이동침대에 윤지가 손을 세게 부딪히고 말았다.

순간 나는 아들이 목에 두르고 있던 무지개 이불을 홱 낚아챘다. 무지개 이불은 아들이 일곱 살 때부터 껴안고 자는 자기만의 안식처이다. 너덜너덜해졌는데도 절대 버리지 못하게 하는 아들의 소중한 보물이다.

순간적으로 끓어오른 분노가 아들의 이불을 붙잡은 손으로 쏠려 주체할 수 없었다. 그 무지개 이불을 북북 잡아 찢고 말았다. 이불과 함께 아들의 마음도 찢어졌다. 놀라움과 충격으로 녀석은 꺼이꺼이 눈물

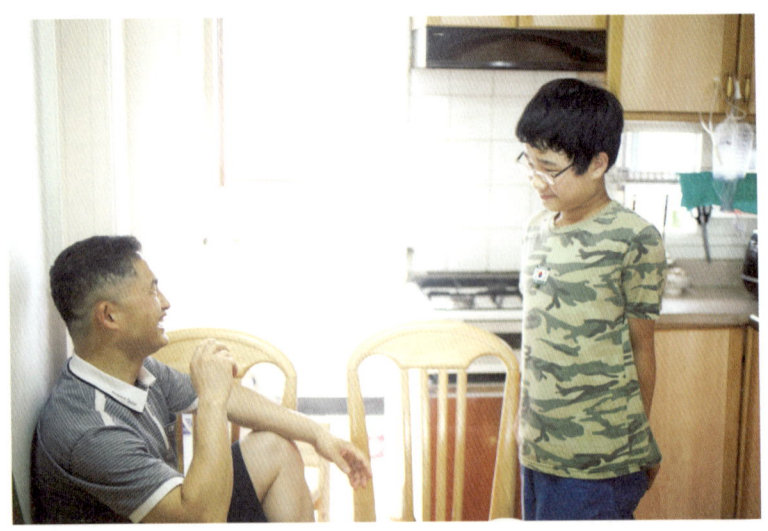

을 쏟았다. 아들의 찢긴 마음을 보며, 내 마음도 갈기갈기 찢겨나갔다. 아무리 용서를 구한들, 이미 찢긴 마음을 다시 붙일 수 있을까.

　새벽기도를 마친 후 잠든 아들 앞에 무릎을 꿇고 사죄를 했다. 아들이 잠에서 깨어 일어나면 다시 용서를 구할 것이다. 순간적인 분노로 자식의 마음을 찢은 아빠의 마음에도 지우기 힘든 깊은 상흔이 남는다. 자식 보기 부끄럽다. 한없이.

아빠, 바람 피우지?

원고를 쓰다가 지루해져서 윤지와의 아지트인 카페엘 들렀다. 초등학교 2학년인 막내 윤지는 아빠를 무서워한다. 그런 윤지에게 나는 일부러 더 장난도 많이 치면서 즐겁게 놀았다.

"윤지야, 너 그거 알아?"

"뭐?"

"아빠는 사랑하는 사람이 앞에 있으면 눈이 크게 떠지고, 미워하는 사람이 앞에 있으면 눈이 저절로 감긴다."

말이 끝나자마자 윤지를 보면서 눈을 점점 더 방울만 하게 크게 뜨다가, 옆자리의 다른 사람들을 보면서는 스르르 감았다. 아빠의 장난을 보면서 까르르르 윤지의 웃음보가 터졌다. 둘이서 신나서 수다를 떨며 노는데, 문득 교회의 한 청년이 생각났다. 그 자매에게 이 카페에서 커피 한 잔 사주겠노라 약속한 적이 있었다. 나는 바로 문자를 보냈다.

"목사님, 지금 마놀린에 있다. 지금 수업 없으면 데이트하자."

옆에서 아빠가 보내는 문자를 본 윤지가 갑자기 심각한 표정으로 "아빠, 지금 바람 피우지?" 한다. 완전 '깜놀'해서 물었다.

"왜?"

"아빠가 데이트하자고 문자 보냈잖아! 데이트가 바람이잖아!"

헉, 어린 딸에게 완전히 한방 먹었다. 여러분, 막내딸이 무서워요. 부디 바람 피우지 마세요. '데이트'도 조심하세요!

사랑하다 왔어요

장례식장에 다녀왔다. 아는 후배의 장모님이 소천하셨다. 13년간을 병으로 고생하다 돌아가셨다. 그 오랜 시간 동안, 지금은 칠순이 다 된 남편이 아픈 아내를 간병하고 돌보았다. 오랜 고통의 시간에도 서로를 떠나지 않고 사랑한, 정말 아름다운 부부였다. 이런 게 인생 아닐까.

언젠가 나도 하나님 앞에 서는 날이 올 것이다. 그때 하나님이 내게 "병년아, 너 세상에서 뭐 하다가 왔냐?" 하고 물으시면 "아내를 맘껏 사랑하다가 왔어요!"라고 말하고 싶다.

일상,
부르심과 입재를
발견하는 곳

삶의 공간을
채우는 빛

 잠들어 있던 의식이 깨어났다. 깜깜한 어둠 속에서 눈을 끔뻑이며 가만히 자리에 누운 채, 귀로 아내의 숨소리를 들었다. 아이들의 숨소리보다 아내의 숨소리가 고르게 들리면 평탄한 하루가 시작되었음을 감지했다.

 잠에서 깨어나는 의식은 어둠 속에서도 아내의 상태를 가장 먼저 살폈다. 별일 없으면 감사하고 아내가 불편해하면 짜증이 밀려왔다. 어둠 속에서도 감사와 불평을 오가는 내 의식이 천천히 몸을 일으켰다. 벽을 더듬어 전원스위치를 눌렀다. 반짝 하고 불이 켜졌다. 창밖으로 보이는 아파트 단지는 아직 어둠에 잠겨 있지만, 내 의식은 마음의 방에 사랑의 불을 점화했다. 내 마음에 사랑의 등불이 켜질 때마다 아침 해가 날마다 떠올랐다.

 오밀조밀한 아파트 단지 사이로 해가 솟아오르면 방안의 전등을 껐다. 햇빛과 전등의 밝기와 강함, 그 환함과 편안함을 비교할 수는 없었다. 해가 떠오르는 순간, 더는 전기 불빛이 필요 없다. 어둠을 밝히던

작은 불빛이 거대한 빛 속에 사라졌다. 밤을 밝히던 불빛은 햇빛 아래서는 조도照度가 약해서 초라해질 뿐이었다.

 전등으로 낮을 밝힐 수는 없다. 햇빛은 마치 마술처럼 인위적인 모든 빛들을 한순간에 집어삼켰다. 햇빛 아래서 모든 빛은 사라져버렸다. 나에게 일상은 햇빛과 같아서, 인위적으로 삶에 구겨 넣었던 것들을 사라지게 했다. 일상을 살아갈수록 내가 너무 작고 초라해져서 시냇가의 조약돌처럼 미약한 나의 모습을 보게 되었다. 일상은 너무도 넓고 방대하여 나 혼자만으로는 감당할 수 없었다.

 그러나 삶은 빛의 도돌이표다. 아침에는 작은 불빛이 큰 빛 앞에 사라지지만 어둠이 찾아들면 거대한 빛은 스스로 물러나고 이제 작은 불빛이 어둠을 밝혔다. 작은 불빛은 너무 미약하여 온 세상을 다 밝히지는 못하지만 자기가 서 있는 영역은 넉넉히 비추고도 남았다.

 다시 날이 저물고 밤이 찾아온다. 전등 빛이 다시 삶의 공간 곳곳을 채웠다. 아이들이 하나씩 불빛 아래로 모였다. 식탁으로, 자기 방으로,

거실로. 빛이 비치는 곳마다 사람들이 옹기종기 앉았다. 큰 빛은 우리를 세상으로 내보냈지만 작은 빛은 우리를 다시 가족으로 모이게 했다. 모든 빛은 우리를 깨우고, 일하게 한다. 모이게도 하고 흩어지게도 했다. 빛은 심지어 우리의 의식을 깨우기도 하고 잠재우기도 했다.

빛은 우리에게 생기를 북돋웠다. 삶에 충만한 생명력을 보며 경탄하게 했다. 푹푹 찌는 더위를 이기고 살아 하늘거리는 작은 강아지풀처럼 삶의 아픔을 이기게 했다. 광합성에 의해 살아가는 식물에게서 보듯 빛은 생명을 숨쉬게 했다. 한겨울에도 얼어붙지 않는 빛은 지상의 온갖 생명에게로 내리쬐었다. 빛이 있어 생명이 한겨울을 이길 수 있다.

빛은 삶 가운데 아름다움을 발견하게 했다. 일상 속에 숨겨진 아름다움은 아내의 아픔을 통하여 내게로 다가왔다. 아픔은 삶의 속도를 늦추는 브레이크였다. 고통은 액셀레이터에서 발을 뗄 줄 모르는 운전자의 발을 강제로 떼어내었다. 앞에 나타난 위험물 때문이 아니라 안에 탄 가족의 위험 때문에 삶의 스피드를 줄여야 했다. 천천히 가면서 느낀 것을 보고, 또 충만히 느끼게 하였다. 빛과 속도가 만나서 새로운 삶을 형성하기 시작했다.

카메라의 조리개 셔터를 천천히 닫으면 빛의 흐름에 따라 움직이는 피사체의 연속적인 장면을 찍을 수 있다. 느린 속도로 조리개를 닫을 때 사진에 찍힌 피사체의 화려함과 아름다움은 마치 길쭉한 길처럼 보인다. 조리개를 느리게 닫을 때 기다랗게 이어지는 빛의 길을 볼 수 있듯, 아픔은 내 의욕을 내려놓고 인생의 조리개 속도를 늦추어 생명이 숨쉬고 생명이 자라는 속도에 시선을 고정하게 하였다. 고통스러운 삶이 가져온 느낌은 나를 무기력하게 하였지만 일상에 숨겨진 빛의 길을 보게 하였다.

 나는 빛을 통하여 자연을 경외하는 법을 배웠다. 빛 가운데 드러나는 자연의 아름다움에 경탄하였다. 이제는 빛이 삶의 아픈 속살을 비추며 삶과 사람을 사랑하는 법을 가르쳐주고 있다. 빛 속에 모든 피조물들의 탄식이 담겨 있다. 청춘만 아픈 것이 아니라 모든 인생이 다 아픔을 보여준다. 왜 나만 고난당하는 거냐고 불평하는 나를, 그리고 모든 사람들의 눈물을 빛나게 한다. 빛 속에 거하는 건강한 이들도 보고, 병든 이도 본다. 사람과 동물, 심지어 식물이 살아가는 모습도 보게 한다. 아픔 가운데 있던 나를 찾아온 빛이 일상으로, 사람에게로 내 삶을 흐르게 하였다.

 일상으로 흘러들어온 빛은 식탁을 밝혔다. 밥을 짓고 반찬을 만들고 식탁을 차리게 했다. 아픈 아내에게 화상을 입혀 내 가슴을 오래도록 불구덩이에 가둔 그 불은 우리를 살리는 불이기도 했다. 밥을 짓는 불은 생명을 유지하게 하는 아름다운 불이다. 불을 만나야 음식 맛이 나듯 내 삶도 불을 만나서 거룩한 일상을 빚어가는 중이다. 압력밥솥에서 밥을 지을 때 칙칙 대는 소리는 밥 먹이는 일의 고단함을 알리는 주부의 수다로 들렸다. 한 끼로 끝날 일이 아닌 밥은 대책이 없다. 밥 짓는 불은 인생이 사그러지지 않는 한 꺼져서는 안 될 불이다. 그러니 식탁은 사랑의 불이 꺼지지 않는 곳이다.

 한 끼 밥을 위해서 밥벌이를 하는 이들의 위대함을 생각했다. 내 삶의 오래된 사진 속에는 장작불이 고스란히 남아 있다. 타닥타닥 불이 붙으며 타오르던 장작이 가마솥을 달구어 구수하고 비릿한 밥을 지어 냈다. 이제 그 장작불은 없다. 그러나 그 불을 피우던 엄마의 사랑은 나에게 남았다. 자신의 삶을 태워서 자식들을 돌보던 엄마는 꺼질 줄 모르는 불덩이였다. 식탁을 대하면 대할수록 한끼 밥이 얼마나 위대한 지, 그 위대함 뒤에 보이는 엄마의 사랑이 얼마나 아름다운지를 보게 된다.

삶의 비극성이 만드는 아픔은 삶의 온전함을 밝히는 빛이었다. 아픔은 믿음으로 살아가던 나를 거룩으로 초대하였다. 삶의 비극성 앞에서 경건할 수밖에 없었다던 소설가 김훈의 말처럼, 아픔은 나를 비굴하게 만들었다. 조잡하게 했고, 탄식하게 했다. 결국 그 모든 비극성을 겪고 견디다가 새로운 삶이 시작되었다. 비굴함이 인내로 말미암아 자유함으로 변했다. 사랑의 위로가 찾아왔다. 삶에 대한 탄식이 나눔의 공동체를 만들었다. 자녀들의 필요를 채우지 못해서 우는 아빠의 애절한 눈물로 아이들이 자랐다.

비극성은 육체와 삶을 맞닿게 한다. 육화(肉化)된 일상의 삶은 그 자체로 부르심이다. 일상이 빛이고, 그 빛이 부르심이다. 부르심을 찾으려고 애쓰는 게 아니라, 일상으로 이미 드러난 부르심에 헌신하는 것이 내 구원의 완성이다. 모세에게 임힌 '가시떨기의 불'은 광야의 모세를 출애굽의 특별한 구원 사역으로 불러냈듯 나에게 그 불은 평범한 일상으로, 가족의 끼니를 위한 식탁으로 나를 불렀다.

내가 고개를 파묻고 일상을 외면하려 할 때마다 주님은 동일하게 말씀하시곤 했다.

"보아라!"

눈을 들어 자연에 흩어진 은혜의 조각들을 보라고 하셨다. 사람들 속에 임하시는 당신을 보라고 외치셨다. 일상 가운데 임하시는 당신을, 빛이신 당신을 바라보라고 하셨다. 나 자신은 불완전하지만 그분의 온전하심을 발견할 수 있는 일상이 있어 삶이 새롭다.

병든 아내를 간호할 때 가장 두려워하는 합병증은 욕창이다. 그것은 같은 자세로 오래 있을 때 눌린 피부가 썩는 병이다. 욕창에 걸리면 곪았던 부분을 공기 중에, 빛 가운데 노출시키는 것이 가장 좋은 치료법이다. 그러면 시간이 지나면서 자연스럽게 낫는다. 비교적 치료가 빠른 편이다. 썩는 부위를 빛 가운데 노출시키면 피부가 재생되는 것이다. 상처와 아픔을 빛에 노출시키는 일상, 이것이 나를 향한 그분의 부르심이다.

다시 글을 쓰며

한동안 글을 쓰지 못했다. 쓸 수가 없었다. 마음을 분주하게 만드는 일상이 글 쓸 의욕과 글감마저 삼켜버렸다. 막막함으로 하루하루를 살아가는 일상의 지루함이 나를 집어삼켰나 보다.

이제 봄비처럼 새롭게 마음을 다진다. 일상 속에서 영원을 누리려고 다시금 글을 쓴다. 병년아, 파이팅! 당신도 파이팅!

압력밥솥

불에 타도 타지 않고
부풀어 오는 압력에도 깨지지 않고
소리 없이 뜨거움을 견디다가
힘들면 칙칙 추우욱
거친 호흡 내뱉으며 한숨 쉬고
그래도 힘들면 푹푹 푸우욱
뜨거운 눈물 터뜨리며
단단한 것을 품고 또 품어
익히고 또 익혀서
밥을 짓는다

나도 너처럼

불에 타도 타지 않고
압력에도 깨지지 않고
한숨 내뱉고
눈물 쏟아도
버텨야 할 텐데
이겨야 할 텐데
아픈 삶의 뜨거움으로
누구나 먹을 수 있는
맛난 밥 차진 밥을
만들 수 있어야 할 텐데

무의미한 1등

2012 유럽컵 리그가 끝이 났다. 결승에서 FC 바이에른 뮌헨이 졌다. FC 첼시가 이겼다.

첼시는 내가 좋아하는 팀이 아니다. 내가 가장 좋아하는 FC 바르셀로나를 꺾고 결승에 오른 팀이라서 더욱 그런 모양이다.

그래도 경기는 재미있었다. 연장전에 승부차기 마지막 키키끼지, 결과를 알 수 없는 승부였다. 그것이 경기다. 경기는 결국 첼시가 이겼다. 그들은 긴장 속에서 끝까지 자신들의 페이스를 지켜서 승리하였다.

이렇듯 모든 경기는 승패가 분명하게 나뉘고, 1위와 2위 가운데 1위만 기억된다. 그러나 믿음의 경주는 다르다. 심판은 있어도 등수는 없다. 달리는 자는 누구에게나 상이 주어진다. 이것이 참된 삶이다. 믿음의 경주에서 1등은 무의미하다. 중요한 것은 참되게 사는 하루하루다.

손을 잡지 않은 이유

항상 그리운 믿음의 선배이자 영적 멘토가 있다. 삶이 힘들 때나 힘든 결정을 내려야 할 때 더욱 생각나는 그분은 국제적인 학생선교단체에서 사역하고 있다.

아내가 아픈 뒤로 6년 동안 보지 못하다가, 짬을 내어 아들과 함께 그분이 있는 싱가포르를 방문했다. 그곳에서 정말 즐거운 시간을 보냈다. 현지에 있는 우리 성도들도 볼 수 있어서 즐거움은 두 배였다.

그런데 그 멘토에게 전과 다른 모습이 있었다. 내 앞에서 그분은 자신의 아내와 붙어 앉지도 않았고, 걸을 때 손도 잡지 않았다. 두 분에게 워낙 익숙한 나인지라 그때는 전혀 알아채지 못했다. 그 이후 한국에 들어오신 두 분이 우리 집을 방문하셨다. 그때에도 두 분은 손을 잡지 않았다. 역시 나는 그걸 깨닫지 못했다. 그러다 나중에 다른 사람에게 듣고 알았다.

"병년이가 얼마나 외롭겠어. 병년이가 정이 얼마나 많은데, 우리가 다정하게 있으면 아내 생각이 얼마나 간절하겠어."

내가 병상에 누운 아내를 떠올릴까 봐, 아내의 손을 잡고 걷고 싶은 마음 때문에 힘들어할까 봐, 내 앞에서는 두 분이 서로 손도 잡지 않았던 것이다. 내 마음을 깊이 배려하신 것이었다.

나의 멘토, 그분들이 나는 지금도 그립다.

한 통의 문자

"우상에서 돌이키라."

이 성경 말씀을 접할 때마다 나와는 거리가 먼 얘기라고 생각했다. 적어도 친한 친구에게서 문자메시지 한 통을 받기 전까진 그랬다.

그가 보낸 문자에는 어느 큰 교회의 담임으로 확정되었다는 소식이 들어 있었다. 문자를 보는 순간, 부러움이 파도처럼 밀려왔다. 질투가 솟았다. 갑자기 나 자신이 초라해 보였다. 마지막엔 그 친구를 비난하는 마음마저 일었다. 너도 '자리'를 좇아가는구나 하고.

문자메시지 한 통에 내 속마음을 보게 되자 씁쓸한 웃음이 얼굴에 번졌다. 이게 내 본모습이구나. 남이 잘됐다는 소식에 그를 축복하기보다 그와 나를 비교하며 스스로 우울해하는, 이게 나구나….

유진 피터슨은 말했다.

"목사들은 돈, 명예, 이성異性, 그리고 '규모'의 우상을 조심해야 한다. 앞의 세 가지는 비교적 자주 언급하고 경계하는 반면, 맨 끝에 나오는 '규모'의 우상은 외면한다. 나도 다르지 않았던 것이다. 나도 우상에서 단호히 돌아서야 하는 것이다."

아, 내 깊은 곳에서 살아 꿈틀거리는 우상이여…. 다시 아버지께로 가자.

내 돈으로 샀어

아침에 아들이 학교 가면서 하는 말.

"아빠, 식탁 위에 너구리 라면 두 마리 먹지 마. 그거 내 돈으로 산 거야."

녀석의 말에 뭐라고 답해야 했을까?

"네가 입은 옷 벗어라. 그거 아빠 돈으로 샀다. 신발도 벗어라. 그것도 아빠 돈으로 샀다. 안경도 벗어라. 당연히 아빠 돈으로 산 거다." 그러고는 아예 홀라당 벗겨서 학교에 보냈어야 했나.

순간, 하나님이 "병년아, 네게 있는 것 다 내놔라. 그거 내가 다 준 거니까"라고 말씀하시면 어떡하지, 하는 생각이 들었다. 병든 아내도 데려가겠다고 하시면 어떡하지, 하는 생각에 와락 두려워졌다.

우리 아들처럼, 나도 하나님께 '내 돈으로', '내 힘으로' 했다고 우기고 있는 건 없을까?

해야 할 일 vs 하고 싶은 일

사람들은 대부분 '해야 할 일'과 '하고 싶은 일' 사이에서 갈등하며 살아간다.

어제 내가 해야 하는 일은 일상적인 일과에 더하여 춘돌이와 춘녀의 고장 난 핸드폰 수리를 맡기는 일이었다.

오전에 서비스 센터를 찾아가니 이사를 가버리고 없었다. 물어물어 다시 차를 운전하여 찾아갔다. 두 녀석의 핸드폰을 직원에게 맡기려는데, 그중 하나는 자기 회사 제품이 아니라서 다른 곳으로 가란다. 게다가 대기 고객들이 밀려 있어서 수리하기까지는 최소 20분 정도 대기해야 한단다.

기다렸다가 수리비를 지불하려고 보니 체크카드의 잔고가 부족했다. 급하게 은행으로 가던 중에 지갑 속에 다른 신용카드가 생각나 다시 서비스 센터로 돌아가 결제한 뒤, 또다른 서비스 센터를 찾아 헤맸다.

그렇게 하루가 갔다. 해야 할 일을 먼저 분주히 하느라 하고 싶은 일은 저만치 뒷전으로 물러난 채.

늘 갈등한다. 하고 싶은 일과 해야 할 일 사이에서. 해야 할 일을 하지 않고는 하고 싶은 일도 하지 못한다. 오랫동안 아내의 역할을 대신하다 보니, 특히 주부의 삶이 그렇다는 걸 알게 되었다.

문득 갑자기 우울해진다. 이른 아침마다 '피할 수 없는' 해야 할 일이 변함없이 눈앞에 와 있다. 하루쯤 안 오면 안 되겠니! 너무 성실하게 하루를 알리는 알람 벨소리를 들으며 공연히 시간에게 화를 낸다.

약한 자와 함께할수록

교회에서 축구팀을 만들었다. 다드림 FC. 교회 이름을 따서 '다드림 풋볼 클럽'으로 지었다. 다드림 FC를 만들 때, 매주 공을 차야 한다고 강하게 주장했다.

내 인생의 중요한 낙樂 가운데 하나로 축구를 꼽을 만큼 나는 축구를 좋아하고 즐긴다. 캠퍼스 선교단체 간사로 사역할 때에도 수련회 기간 동안 이른 아침마다 학생들과 축구를 할 정도였다. 동네 조기축구회에서도 인정받는 멤버일 정도로 축구를 좋아하는 나로서는 한 달에 한 번만 축구를 한다는 건 견딜 수 없는 일이었다!

그러나 다드림 FC 팀장을 맡은 집사님은 그렇게 하면 아무도 못 나오다고, 부담스러워서 오래가지 못한다고 했다.

"목사님, 가늘더라도 오래가는 축구팀이 되게 할 테니 제게 한번 맡겨주세요."

팀장 집사님의 축구 철학(곧 인생철학!)은 축구 잘 못하는 사람들도 나와서 함께 공을 차는 팀을 만드는 것이었다. 말이 쉽지 과연 그게 될까, 축구를 못하는 축구팀이 얼마나 오래갈 수 있을까, 그렇게 해서 무슨 재미로 경기를 하겠나 하는 마음이 없지 않았지만, 그 마음을 꾹 누르고 전적으로 그분께 축구팀을 맡겼다.

'못하는 사람도 경기에 출전시킨다'라는 생각이 이상적이기는 하지만, 현실적으로 볼 때 좀 아니다 싶었다. 그러나 집사님은 실제로 시합 때마다 축구 실력과 상관없이 참가한 순서대로 출전시켰다. 조금 못하는 사람도 시합에 나가야 함께 팀을 만들어갈 수 있다면서.

'헐' 소리가 절로 나왔다. 아무리 그 뜻이 좋더라도 축구시합은 양쪽 팀 간의 치열한 경쟁이다. 우리 팀의 앞날이 불을 보듯 훤했다.

그렇게 1년의 시간이 지나갔다. 결과는 어찌 되었을까? 집사님 얘기와 철학이 맞았다! 집사님의 철학대로 축구팀을 운영해보니 시합에는 져도 선수가 남았다. 지금은 모두가 즐겁게 공을 찬다.

인원이 필요해 나오라고 하고선 정작 경기에는 출전시키지 않으면 대부분 다음부터 나오지 않는다. 한 번의 승리를 얻기 위해 잘 못하는 사람을 배제하면 나중에는 함께 연습할 사람이 없어질 것이다. 한 번의 승리를 얻는 것보다 팀을 오래 유지하는 것이 더 현명한 일이다.

승리에 집착하기보다 실수를 포용할 때 조직이 살아난다.
약한 자도 포용할 때 그 팀이 오래간다. 약한 자와 함께할수록 삶이 깊어진다.

지나친 열심

'붉은 악마'는 우리나라 축구 국가대표팀 공식응원단 이름이다. 축구라면 사족을 못 쓰는 나는 이 응원단이 늘 부러웠다.

어느 날 '붉은 악마'에서 북을 치던 형제가 우리 교회 청년부로 왔다. 형제의 축구 실력을 한 번도 본 적 없건만, 그가 활동한 응원팀 이름만 듣고 대번에 다드림 FC 오른쪽 공격수right wing를 맡겼다.

드디어 함께 시합을 뛰게 되었다. 내가 공을 잡았다. 오른쪽으로 방향을 전환했다. 그 형제를 보고 길게 패스를 찔러주었다. 그런데 기대와는 달리 그는 공을 잡지 못하고 상대방에게 빼앗겼다. 그럴 수도 있지 싶었다.

상대팀이 전면 공세로 나서자 우리가 수세에 몰렸다. 상대팀이 우리팀 오른쪽을 치고 들어왔다. 그런데 가장 먼저 상대방 공격을 저지할 형제의 자리가 비어 있었다. 내 머릿속이 하얘지고 있었다. 어라, 이게 아닌데….

운동장에서도 부지런하고 빠르다는 소리를 듣는 내가 쏜살같이 달려가서 공을 가로챘다. 수세에 몰리던 우리가 공세로 전환할 기회였다. 그 형제를 보면서 소리쳤다.

"나가! 나가, 어서!"

형제는 상대팀 우측 진영으로 기세 좋게 달려가…는 게 아니라, 경기장 바깥으로 나가고 있었다. 어랏, 쟤가 지금 뭐하는 거냐…. 길게 생각할 새가 없었다. 일단 반대쪽에 있는 우리 선수에게 공을 길게 넘기고 나서 운동장 밖으로 나가는 형제에게 소리쳤다.

"야, 어디 가냐, 지금?"

다급한 내 물음에 전혀 예상 못한 대답이 돌아왔다.

"목사님이 나가라고 했잖아요!"

아뿔싸! 내 말은 '전진하라'는 뜻이었는데 경기장 밖으로 나가버리다니…. 내가 단어를 잘못 선택했나 싶었다. 머릿속이 복잡해졌다.

문제는 '단어'가 아니라 나의 '지나친 열심'이었다. 과도한 열심이 형제의 마음을 상하게 했다. 당연하다고 생각한 열정에 찬 나의 요구가 다른 이에게 분노와 좌절을 안길 수 있다.

그 형제는 얼마 전에 호주로 1년 동안 공부를 하러 갔다. 우리 교회 청년부 회장을 지낸 그 녀석이 벌써 그리워진다. 이번에는 내가 나가라고 하지 않았다. 자기 발로 나갔다.

지나친 열심에 얽힌 또 하나의 추억이 있다.

아주 오래전에 단기사병으로 입대해 한 달 동안 군사훈련을 받은 적이 있다. 우리는 주일마다 오후에 중대별로 축구시합을 했다. 나도 당연히 출전했다.

'두 개의 심장'은 내게도 어울리는 말이다. 비록 체구는 작지만 지칠 줄 모르는 체력을 바탕으로 적진을 헤집고 다녔다. 드디어 찬스가 왔다! 저만치서 공을 몰던 우리 편을 향해 소리쳤다.

"야, 뭐해! 얼른 공 줘, 새꺄!"

나의 우렁찬 함성이 온 연병장에 울려 퍼지는 순간, 펜스에서 응원하던 모든 사병들의 함성소리가 물벼락을 맞은 듯 소용해졌다. 뭐야,

이 분위기…. 흠칫 놀란 나도 찬찬히 그를 바라보았다. 공을 잡은 선수는 나와 같은 훈련병, 단기사병이 아니었다. 우리 부대 '연대장'이었다! (다음에 일어난 일은, 그저 상상에 맡기겠다.)

계급 없이 번호만 단 훈련병이 무궁화 세 개짜리 연대장에게 "공 줘, 새끼야" 하고 외친 건 용기도 담대함도 아니었다. 그 외침은, 너무도 좋은 찬스임을 직감한 열의에서 순간적으로 터져 나온 것이었다. 역시 지나친 열심이 불러온 화가 아닌가 싶다.

예기치 않은 복

해마다 4월이면 내가 속한 지역 축구팀인 '노원상공회의소' 주최로 정기 축구대회를 연다. 같은 노원구 안에 있는 다른 조기축구팀을 초청해서 시합을 여는 것이다.

시합이 열리는 날에는 어김없이 선물 추첨 시간이 있다. 그래서 대회 전에는 언제나 회원들에게 당일 물품을 협찬해달라고 부탁한다. 나에게도 회장님이 부탁을 해오셨다.

"목사님, 물론 성경책도 좋습니다. 너무 고민하지 마시고 성경책 내세요."

회장님의 배려는 고마웠지만 축구대회에서 상품이 성경책이라니! 이게 얼마나 좋은 선물인가, 사탄의 놀림거리가 되기에….

믿음이 얕아서인지 나는 성경책 말고 다른 물품을 준비했다. 제법

지나친 열심은 시야를 잃게 만든다. 지나친 열심은 화를 불러온다.

괜찮은 브랜드의 예쁜 접시 15개를 찬조물품으로 등록했다.

대회 당일, 마지막 순서인 선물 추첨 시간이 돌아왔다. 시합이 모두 끝나고 참가선수들이 번호를 하나씩 뽑고 기다렸다. 무려 400여 명의 참가자들이 저마다 기대에 차서 기다리는데 회장님이 찬조물품을 일일이 소개하셨다.

"에~, 다음은 다드림교회 김병년 목사님이 찬조하신 예쁜 접시 세트입니다. 목사님 한번 일어나세요."

인사에 이어 참가자들의 박수가 울려 퍼졌다. 성경책을 냈더라면 그날 분위기가 어땠을까? 생각만 해도 등골이 서늘해진다.

나는 목사지만 믿지 않는 이웃들과 친하게 지내려 노력한다. 노원상공회의소 축구팀은 그런 의미에서 넌크리스천들과 소통할 수 있는 연결고리가 된다. 그들과 웃고 운동하고 함께 지내는 것이 즐겁다.

축구와 성화

성화聖化의 삶은 축구에도 그대로 적용된다.

나에게는 신앙의 멘토와 축구의 멘토가 동일한 분이다. 그분에게 신앙을 배웠으며, 소리 없이 경기를 지배하는 법을 배웠다. 그분은 내게 '팀을 위한 경기'를 하도록 가르쳤고, 시합을 주도하는 법을 조용히 보여주었다. 그만큼 축구는 입은 닫고 몸의 움직임을 극대화해야 하는 운동이다.

그런데 나는 축구를 할 때와 같이 삶에서도 입이 먼저 움직이는 바람에 그 성화가 더뎠다. 혀를 다스리지 않으면 성화는 기대하기 어렵다. 그러니 성화를 앞당기려면 혀부터 다스려야 한다.

두 세계 사이의 죄인

난 죄인이다. 날마다 오가며 사는 두 영역의 세계는 내가 누구인지 늘 되돌아보게 한다.

집 밖에서 만나는 이들에게 나는 늘 웃으며 기다려주고 실수하더라도 그럴 수 있지 하고 짐짓 너그러운 척한다. 남의 잘못을 훈계하기보다는 내 실수에 대해 용서를 구할 때가 더 잦다.

그러나 집으로 돌아와 아이들 앞에 서면 달라지기 일쑤다. 이해하기보다는 윽박지르고, 기다려주기보다는 채근하고, 차분하게 설명하기보다는 무조건 따라주길 요구한다.

이러니 나는 밖에서는 위선적인 죄인이고 안에서 본성대로 사는 죄인이다. 비록 내 근본이 죄인임을 부인할 수 없지만, 그래도 매일 조금씩 두 영역 사이에서 나는 성장하고 있다.

삶과 산

지역 교회 목사님들과 함께 가는 불암산 산행에 막내 윤지가 따라나섰다. 영암 월출산을 아빠와 함께 올라간 추억이 있는 녀석이 자신만 만하게 도전한 것이다.

2킬로미터 남짓 올랐을까. 윤지는 미끄러운 눈길 때문인지 자꾸 "힘들어요", "넘어질 것 같아요", "업어주세요" 하며 투정을 부렸다. 아빠와 다른 목사님들의 칭찬과 격려에 다시 힘을 내서 쪼르르 다람쥐마냥 아빠를 앞서 가는 것도 잠시, 다시 오르막을 앞에 두고 몸을 배배 꼬았다. 넘어질 것 같아요, 힘들어요, 다리가 이상해요, 배가 고파서 못 걷겠어요, 죽을 것 같아요…. 산을 내려와서 아스팔트 도로를 걸으면서도 녀석의 종알거림은 멈출 줄 몰랐다.

딸아이를 보면서 삶이 우리 막내의 등산 같다는 생각을 했다. 아이는 험한 월출산은 씩씩하게 올라가면서도 동네 작은 언덕은 징징대며 올라간다. 어렵다고 다 힘든 것도 아니고 작다고 다 쉬운 것도 아니다. 어려워도 가볍게 질 수 있는 짐이 있는가 하면 가벼워도 버겁게 느껴지는 짐이 있다.

낫지 않아도 사랑은 계속된다

오늘 새벽기도를 빼먹었다. 요즘 이런 일들이 잦다. 마음이 느슨해진 탓도 있지만, 아내의 상태가 나를 집에 묶어둘 때도 있다.

오래전 병원에서 퇴원할 때 항경련제와 근육의 경직을 풀어주는 약을 준 적이 있다. 한 번에 무려 열다섯 알 정도를 먹이라고 했다. 두려움이 있었지만 의사의 처방을 받아들이지 않았다.

퇴원 이후 지금까지 아내에게 미세한 경련이 일어나고 근육이 경직되는 현상이 생기기도 한다. 그러나 대부분은 아이들의 우스개와 장난에 웃다가, 혼자서 하품하다가 스스로 입술을 깨문 경우였다. 문제는 모두가 잠든 한밤중이나 깊은 새벽에 입술을 깨물었을 때이다. 오늘도 그랬다. 언제부터였는지 모르겠으나 내가 잠에서 깨어나기까지 아내는 입술이 깨물린 아픔을 홀로 견디고 있었다.

낮에 집에 머물 때에도 나는 항상 서재 문을 열어둔다. 안방에서 들리는 호흡 소리를 통해 아내의 상태를 파악할 수 있기 때문이다. 아내가 어쩌다가 입술을 깨물었을 때는 호흡이 아주 거칠어져서 쌕쌕거리는 소리가 건너편 서재까지 다 들린다. 가래가 생겼을 땐 뱉지 못하고 끓는 소리를 낸다. 쌕쌕대는 숨소리와 끓는 가래소리는 아내가 낼 수 있는 유일한 구조 신호인 셈이다.

입술을 깨물었을 때, 강제로 입을 열어서는 안 된다. 다른 근육이 다치고 입술에 상처를 입기 십상이다. 양쪽으로 나무 스틱을 넣어서 조심스럽게, 천천히 입을 벌려야 한다. 그런데 오늘은 입술을 얼마나 세게 깨물었는지 쉽게 벌려지지 않았다. 무려 십여 분 넘게 씨름했다.

쇠사슬에 묶인 지 신화의 인물이 자기 간을 쪼아먹는 독수리를 어쩌지 못하듯이, 아내도 깨물린 자기 입술을 스스로는 어쩌지 못한다.

쇠사슬에 묶인 저 신화의 인물이 자기 간을 쪼아먹는 독수리를 어쩌지 못하듯이, 아내도 깨물린 자기 입술을 스스로는 어쩌지 못한다. 그러니 나는 아내의 소리에 항상 민감할 수밖에 없다.

마음이 전해지길

아내 옆에서 말 없이 아이패드로 글을 쓰고 있다. 그러다 가끔 내가 곁에 있음을 알리려고 앞뒤 없이 한마디씩 던진다.

"여보, 사랑해!"

그러면 내 말에 아내가 눈을 깜박인다. 아내가 깨어 있음을 확인하고 나면 나는 다시 아이패드에 온 시선을 파묻은 채 필요한 자료를 찾는다. 그러다가 다시 뜬금없는 질문.

"여보, 당신도 안 낫는 것 알고 있지?"

그러면 다시 아내가 눈을 깜박인다. 아내의 반응을 확인하고 나도 마음을 놓는다. 그래, 이것도 삶이다. 낫지 않아도, 다시 일어나지 못해도, 이대로도 삶을 사랑해야지. 다짐하고 또 다짐한다.

아내의 깜박이는 눈은 항상 내 안에 사랑을 일깨운다. 희미하게 꺼질 듯한 내 사랑에 다시 불을 붙인다. 아내의 눈이 깜박이는 한, 내 마음에 사랑도 타오른다.

봄꽃 다 지겠다, 비야

한 주간을 돌아볼 때 신경이 가장 예민해지는 때는 토요일 저녁보다 대체로 주일 저녁이다. 주일 하루를 쉴 새 없이 보내고 일과를 다 마친 저녁에 성질을 가장 많이 낸다. 일과를 마치고 집에 들어오면서 쉬고 싶은 마음이 간절한데, 현실은 그렇지 않을 때 슬슬 분노가 찾아온다.

물안개 피어나듯이 스멀스멀 올라오는 짜증이 말수를 적게 만들고 아이들의 행동에 불만을 표출한다. 그 불만은 기실 아이들의 행동 자체보다는, 내 속에 있는 쉼에 대한 숨겨진 갈망에서 기인한 것이다. 그러다가 한 건 걸리면 온갖 협박을 해가며 아이들을 통제하려고 하지만 문제의 원인이 아이들이 아니라 나 자신에게 있기에 아이들이 아빠 말을 들을 리 없다.

참 안식이 없는 곳에서 참 안식을 갈망하는 것이 시험거리가 된다. 안식을 간절히 바라는 순간에 도리어 안식으로부터 멀어지게 만드는 이 못난 자아가 싫다.

그리고 봄비야, 너도 싫다. 그만 좀 내려라. 봄꽃 다 지겠다.

자녀이자 종

가정예배를 〈매일성경〉에 안내된 이사야서 순서를 따라서 드렸다. 순서를 따라가며 예배하던 중 이런 적용 질문이 나왔다.

"'하나님의 종'이라는 단어를 들었을 때 솔직한 기분을 나누어 보세요."

적용 문항을 읽고 나서 아들이 거세게 항의했다.

"아빠, 우리는 종이 아니잖아! 하나님의 아들이잖아! 하나님 자녀가 왜 종이야?"

항의를 다 들어주고 나서 내가 설명을 했다.

"여기서 종이란…."

제대로 설명을 시작하기도 전에 아들의 못다한 항의가 다시 튀어나왔다.

"우리는 노예가 아니고 아들이야!"

아들에게 아무리 설명해줘도 이해할 수 없다는 듯 자꾸만 고개를 갸우뚱거렸다. 그 모습을 보면서 많은 생각이 나를 사로잡았다. '아들 됨'은 확신하면서도 '종'이라는 개념은 애당초 거부한다. 이게 현재 우리의 실상이구나. 그분 안에서 누리는 자녀로서의 신분이나 지위는 좋아하면서도, 정작 종으로서의 부르심은 거부하는구나.

아들이면서도 주인인 하나님의 백성은 없다. 우리들은 모두 자녀이면서 종으로 부름받았다.

우리 가족

춘돌이는 지금 교회에서 노회 주최 교회학교 성경시험 준비에 한창이다. 문제는 모범답안대로 하지 않는다는 것. 노회의 성경시험 문답지는 이렇게 되어 있다.

> 문: 하나님이 만드신 최고의 가정은 어떤 가정인가?
> 답: 화목한 가정

그런데 춘돌이는 엉뚱한 답을 한결같이 내민다. '우리 집'이라고.
우리 집이 뭐가 그리 좋으냐고 묻자 말은 청산유수다.
"우리 가족이 얼마나 화목한데…. 그러니까 정답 맞잖아."
말은 번드르르한데 정작 녀석의 행동은 화목과는 거리가 멀다. 지금도 옆에서 동생과 장난치다가 이미 싸우고 있다. 화목, 앞으로 일어날 일이긴 해도 지금은 아니다!

<u>사랑아, 오라!</u>

알 수 없는 불안과 긴장감에 휩싸일 때가 있다. 미래를 생각하다 길을 잃고 변함없는 현재 상황에 눌리면 그 두려움이 불만으로 변한다. 그리고 불만은 여지없이 아이들에게 향한다.
"아직 안 씻고 뭐해! 빨리 씻어!"
"이제 장난 그만 치고 누워!"
아이들을 다그치고, 자지도 않고 장난치는 그들의 모든 행동을 귀찮아한다. 아빠야 그러거나 말거나 아이들은 꿋꿋하다. 뭐가 그리 재밌

하나님은 병든 아내를 일으키시는 힘과 도움은 베풀지 않으셨지만
지금껏 아내를 돌볼 수 있는 힘과 도움을 나에게 늘 베풀어주셨다.

는지 깔깔깔 낄낄낄 꿋꿋하게 장난치며 노는 아이들이 놀랍고 대단해 보인다. 아이들이 쉴새없이 장난치며 노는 것처럼 나도 저렇게 꿋꿋이 이 상황을 이겨나가야 할 터인데….

삶의 불안이 크게 느껴질 때 빨리 잠드는 것도 좋은 방법이다. 잠은 예민함을 재운다. 그로써 쉼이 주는 여유, 새벽이 주는 평안을 누릴 수 있다. 물론 잠이 불안을 근본적으로 털어내지는 못한다.

우리가 불안한 건, 전체를 알지 못하고 부분적으로 알기 때문이다. 앞날이 어찌될지 도무지 알 수 없게 희뿌옇게 보이기 때문이다.

"우리는 부분적으로 알고 부분적으로 예언하니 온전한 것이 올 때에는 부분적으로 하던 것이 폐하리라." 고전 13:9-10 조금 알기에 불안하고 희미하기에 초조한 우리를 온전케 하는 것은 사랑이다. 사랑 안에서 부분적인 것이 안정을 누리고, 사랑 안에서 어린아이의 일이 어른의 일로 변해간다. 지금 부분적인 것을 불안해하지 말고 사랑으로 온전해지기를 기대하자. 오, 사랑아. 부디 나에게 오라!

일어나 걸어라?

"일어나 걸어라. 내가 새 힘을 주리니 일어나 너 걸어라. 내 너를 도우리."

엄마 식사 좀 챙기라는 말에 이불 속에서 뒹굴던 아들이 누워서 찬양을 한다. 아들의 씩씩한 찬양을 들으며 나는 엉뚱한 생각을 한다. 일어나 걸으면 새 힘을 주시는 걸까, 새 힘을 주시면 일어나 걷는 걸까?

아내를 오랫동안 돌보면서 '새 힘을 주셔야 일어나지', '새 힘을 주셔야 걷지' 하는 마음을 갖고 있었다. 그런데 하나님은 병든 아내를 일으키시는 힘과 도움은 베풀지 않으셨지만 지금껏 아내를 돌볼 수 있는 힘과 도움을 나에게 늘 베풀어주셨다.

아들이 부르는 찬양은 일어나기 싫어서 꿈지럭거리는 나를 향한 하나님의 메시지로 다가왔다. 이불 속에 함께 누운 아들을 시키고 좀 더 누워 있으려는 나를 재촉하셨다.

"또 왜 그러세요, 하나님? 일어날 사람은 제가 아니고 제 아내라니까요." 투정을 부려보지만, 좀 더 눕자, 좀 더 개기자, 마음먹은 나에게 거듭 말씀하신다.

'아들아, 나는 너에게 새 힘을 준다니까.'

쉬운 상황, 어려운 판단

이 아침의 고요함 속에 찾아오는 분노는 뭘까.

어젯밤 늦도록 심방을 하고 돌아오는 길에 엄마를 돌봐준 아이들이 출출할 것 같아서 뭐 사갈까 물었더니 세 녀석이 합창으로 "곱창!" 한다. 신나게 먹고 나서 어린 두 녀석을 재우느라 춘녀에게 설거지를 부탁했다. 설거지라고 해야 달랑 컵 다섯 개, 젓가락 네 모가 전부다.

자고 나서 아침을 준비하러 주방으로 가보니, 춘녀가 한 일은 식탁

에서 싱크대로 젓가락과 물컵을 이동시킨 것뿐이다. 이 녀석은 설거지를 식기의 위치 이동으로 아는 모양이다. 아빠 말에 불순종하고도 천하태평으로 잠을 자는 춘녀를 보며 깨울까 말까 고민했다.

'녀석을 어떡해야 할까? 어휴, 고민하는 시간에 내가 해버리고 말지. 아니, 아니지, 버릇을 고쳐야지.'

이런 시시한 고민을 판단하는 게 지혜다. 그러나 인간은 이렇게 쉬운 것조차 잘 판단하지 못해서 헤맨다. 아, 가련한 머리통이여! 제발 좀 돌아가다오. 제발 좀 자라다오.

불안 속에서도 피는 꽃

누이야.
동백꽃 피어나는 꽃소리 들어본 적 있느냐.
사각사각 맨발로 하얀 눈 한 겨울 캄캄함을 밟아올 때
제주바다는 이러저리 불안을 뒤척이고
찬바람을 몰아다니던 낙엽 소리 돌돌 잠재우며
밤새 동백꽃 피어나는 꽃소리 아련히
나의 잠 속에 묻혀가고 있다.
_문충성, 〈동백꽃〉

구구절절 마음을 울리는 시다.

밤사이 눈이 내렸나 보다. 소리 없이 눈이 내리듯 찾아온 아내의 뇌경색은 캄캄한 밤을 밝혀야 하는 고단함으로, 늘 흔들리는 바다처럼 불안으로 나를 아프게 했다. 아무도 못 보지만, 밤새 꿍 소리내며 피어나는 동백꽃처럼 인생의 밤에 시달리며 끙끙대는 나도 인생의 동백꽃을 피우는 중이다.

때로는 아픔으로 '끙' 분노의 고함으로 '야' 진전 없는 지루함으로 '후' 하고 소리를 토해내지만, 이미 내 삶에 꽃으로 피어나신 '샤론의 수선화' 그분이 나를 동백꽃으로 피워가신다.

도둑질 vs 착취

도둑질은 대개 없이 사는 사람이 가진 게 많거나 부자를 대상으로 벌이는 행위이다. 훔쳐갈 값진 물건이 없으면 도둑질은 일어나기 어렵다. 반면에 착취는 가진 자가 없는 자들을 쥐어짜서搾 빼앗는取 행위이다.

혼자서 몰래 훔치는 것은 도둑질이지만 구조를 만들어서 훔치는 것은 착취이다. 착취는 개인이 가만히 있어도 시스템으로 불법을 낳는다. 당연히 도둑질보다 착취가 훨씬 악하다. 그런데 정작 우리는 '도둑질하지 말라'고는 가르치면서도, '착취하지 말라'고 가르치는 것은 소홀히 한다.

춘돌이의 성경 적용

오늘 미가서 묵상을 한 아들의 결심을 읽다가 쿡 하고 웃음이 나왔다. 적용 질문은 이렇게 되어 있다.

"자신이 속한 가정, 학교, 교회, 나라의 지도자는 누구인가요? 그들을 위해서 기도하세요."

아들은 이렇게 써놓았다.

"우리 가정의 지도자는 아빠, 잘하고 있다. 우리 교회의 지도자도 아빠, 잘하고 있다. 우리나라의 지도자는 박근혜 대통령, 나라를 잘 다스리고 좋은 나라로 만들 수 있게 해주세요."

아빠가 가정과 교회의 지도자로 잘하고 있다니, 그래서 기도할 필요조차 느끼지 않을 정도라니, 순간 나도 기도하지 않아도 되겠구나 하는 생각이 들었다.

흐흐, 아들아! 네가 아직 기도를 잘 못해서 그렇지, 아빠도 기도가 무진장 필요한 사람이란다. 그러니 아빠를 위해서도 대통령보다 더 많이 기도해주기 바란다.

아이들의 대답

오래전 청소년부 전도사 시절에 중학생들에게 물었다.

"너희 집에서 가장 귀하게 여기는 게 뭐냐?"

당연히 아이들 입에서 "저요" "우리요"라는 답이 나올 줄 알았다. 그런데 아이들이 한결같이 답했다. 뭐라고 했을까?

"돈이요!"

자녀를 키우는 부모님들은 아이들에게 한 번 물어보시기 바란다. 엄마 아빠가 가장 귀하게 여기는 것이 무엇인지. 그러면 어떤 대답이 나올까? 자동차, 골프, 드라마…. 온갖 '물건'들이 쏟아져 나오지 않을까.

아이들의 대답 속에 부모의 가치관, 어른의 가치관이 고스란히 들어 있다. 그들의 대답을 두려움으로 받아들여야 한다. 그 대답 내용에 따라 자기 삶을 살피고 돌이켜야 한다.

아내에게만 최선을!

어제 어머니가 집에 오셨다. 어머니를 보니 절로 기분이 좋았다. "엄마!" 하고 달려가 그 품에 안겼다. 아내의 간병을 도와주는 권사님이 주방에서 그 모습을 보고는 "아유, 목사님, 엄마가 그렇게 좋아요?" 하신다. 왜 안 그럴까. 난 어머니의 품에서 늘 안식을 누린다.

얼마 안 있어 장모님이 들르셨다. "오셨어요?" 하고 짧게 인사만 했다. 어머니와 장모님, 두 사돈어른들끼리 서로 포옹하시는 모습을 물끄러미 바라보았다. 순간 장모님께 미안한 마음이 들었다.

결혼 전 아내 주연이의 결혼 기도 노트에는 이런 구절이 있었다.

"나보다 우리 가족을 더 사랑하는 남자를 만나게 해주세요."

아내의 이 기도 제목은 응답이 더디 이루어질 것 같다. 풀어야 할 숙제가 적지 않기 때문이다. 지금으로서는 그 숙제까지 감당할 여유가 없는 형편이라 밀쳐둔 상황이다.

삶이 어려울 때는 내 짐만 지는 것도 지혜이다. 지금 나는 아내에게만 최선을 다하련다!

생각지 못한 은혜

고등학생이 된 춘녀가 처음으로 학교 가는 날이다.

"너희 선생님에게 아빠 책을 선물하고 싶은데 학기 초라서 좀 조심스럽다."

딸이 의아한 듯 되물었다.

"왜?"

"예전에는 책 속에 돈봉투를 끼워 보냈거든. 우리 아이 잘 봐달라고. 아빠도 오해 받으면 어쩌나 해서 말야. 그리고 혹시 너희 선생님께도 괜히 불편을 끼칠까 봐서."

"그러면 다음에 줘."

춘녀의 말은 간결하고 명료했다. 그걸로 그만이었다.

춘녀의 담임선생님에게 전화를 드렸다.

"안녕하세요, 선생님? 저는 김윤영 학생의 아버지입니다."

"아, 윤영이 아버님이세요! 이런 은혜를 누릴 줄 몰랐습니다!"

담임선생님은 쾌활한 목소리로 응답하셨다. 첫 통화치고 흥분하신 목소리 톤이 느껴져 왜 그러시나 했는데, 알고 보니 내가 사경회를 인도했던 교회의 성도님이었다. 사경회 마지막 날 우리 가족사진을 보여 주었는데, 거기 사진 속 큰딸이 바로 당신 반 제자가 된 것이다. 아, 하나님의 은혜다! 나도 덩달아 목소리 톤이 올라갔다.

하나님은 전혀 생각지 못한 곳에 은혜를 예비해놓으실 때가 있다. 춘녀의 선생님과 학교를 떠올릴수록 마음이 몹시 가볍고 즐겁다. 아빠의 이 즐거움이 춘녀의 학교생활의 즐거움이 되길 기도한다.

차라리 내가 공부를?

졸음이 폭포수처럼 쏟아졌다. '고딩'이 된 춘녀를 3일째 학교 보내느라고 정신이 없다. 그래도 결심한 대로 밥 먹이느라 무진장 바지런히 살고 있다. 대한민국 고딩 엄마들, 학교 선생님들은 얼마나 힘드실까….

다른 두 녀석도 아침 6시 30분에 깨운다. 밥상 두 번 차리기 싫어서. 힘들 텐데도 아이들은 꾸역꾸역 일어난다. 암, 그래야지, 그래야 이른 아침부터 몬스터로 변한 아빠를 보지 않을 테니까. 물론 일찍 일어난 만큼 일찍 재운다.

춘녀가 고등학교에 가면서부터 나는 완전히 아줌마가 되어가고 있다. 정신이 멍하다. 이제 겨우 3일인데…. 아내 간병을 처음 시작했을 때의 느낌이다. 이렇게 비몽사몽인 채 있다가 한방에 훅 가는 순간이

사랑으로 준비하는 한 끼 식사가 순녀의 마음을 즐겁게 한다.
녀석의 하루를 활력 있게 한다.

온다.

　철야기도를 한 것도 아닌데 오전 10시에 벌써 졸음이 몰려오다니. 아, 그런데 다음 주부터는 '야자' 한단다. 벌써 겁부터 난다. 차라리 내가 공부할까?

　나도 '고딩'을 둔 고단한 부모가 되었다. 이제는 새벽기도를 마치자마자 곧장 집으로 와서 학교 갈 춘녀에게 밥을 챙겨 먹여야 한다.

　밥 한 끼 먹이는 일이 그리 만만한 건 아니다. 새벽 시간에 가만히 주님 앞에 앉아서 고등학생이 된 딸 밥 먹일 생각만 하다 집으로 왔다. 사랑으로 준비하는 한 끼 식사가 춘녀의 마음을 즐겁게 한다. 녀석의 하루를 활력 있게 한다. 나는 이내 밥 먹이는 일이 사랑임을 깨닫는다. 고딩보다 더 고단한 엄마 아빠들, 모두 파이팅이다!

끼니와 안식

　금요기도회가 있는 날이었다. 기도회를 마치고 함께 온 교회 청년과 잠자리에 들려는 찰나, 형제가 누우면서 물었다.

　"목사님, 고등학생은 토요일에도 학교 가지 않나요?"

　헉! 그 말을 듣고 기절하는 줄 알았다. 내일 새벽에도 밥을 해줘야 한다고? 토요일인데?

　놀라서 얼른 딸에게 물었다. 다행히 내일은 학교에 안 간단다. 마음이 어쩌나 놓이던지…. 밥 한 끼 안 챙겨도 된다고 생각하니, 진흙탕

같던 인생이 다시 꽃밭으로 바뀌었다.

아, 이 세상 모든 엄마들이 놀라울 따름이다. 이참에 아예 토요일 아침은 굶는 날로 정하면 어떨까? 그날 아침 한 끼만이라도 세상 모든 엄마들에게 식사 준비로부터 안식을 주면 어떨까!

아빠의 정체는?

집을 비우는 시간이 잦아진다. 오후에는 거의 집에 없다. 저녁에도 성경공부나 집회 인도를 위해서 집을 비운다. 아빠가 없을 때 아이들의 생활은 아비규환이다. 체구가 커지는 춘돌이가 동생에게 거는 장난은 점점 심해진다.

어느 날 밤, 모두 잠자리에 누웠을 때 윤지에게 물었다.

"윤지야, 오빠가 잘해주니? 아빠 없을 때?"

내 물음에 금방 답을 하지 않고 한참을 생각하던 윤지.

"아빠가 없을 때는 오빠에게 천사가 들어가고, 아빠가 있을 때는 악마가 들어가."

아빠가 없을 땐 천사가, 있을 땐 악마가 들어간다니… "그럼 아빠는 뭐냐? 악마를 불러들이는 사자라도 된단 말이냐?"라고 대놓고 묻진 않았지만, 내 정체가 몹시 궁금해졌다.

역시 문제 자녀는 없다. 문제 부모가 있을 뿐. '악마를 몰고 오는 아빠'의 정체는 도대체 뭘까?

거룩한 삼각관계

아이들의 대화는 항상 어른들의 상상을 넘어선다. 어느 가정을 심방하는 중에 흥미롭고 은혜가 되는 대화를 들었다.

동생: 난 하나님 사랑해!

누나: 나도 사랑하는데!

동생: 그럼 우린 하나님과 삼각관계야!

이런 삼각관계라면 오히려 없어서 문제가 아닐까. 부디 하나님과의 삼각관계, 사각관계가 무한정 많아졌으면 좋겠다.

한번은 이런 일이 있었다. 사춘기에 들어간 아들 춘돌이가 또 동생 꽁무니를 따라다니며 괴롭히고 있는 중이다. 마치 동생을 괴롭히는 게 자신의 사명인 양 기를 쓰고 쫓아다녔다.

충주에 조문 갈 일이 생겨서 내려갈 준비를 하며 아들에게 물었다.

"아빠 지방에 간다. 같이 갈래?"

두 녀석을 떼어놓아야 간병하시는 권사님이 조금이나마 편하실 것 같아서였다. 내 물음에 아들의 대답이 가관이었다.

"아빠, 지방은 여기 있잖아!"

내 배를 만지며 히죽히죽 웃는 녀석의 능청이 아빠의 머리 위에 있다.

"아들은 지(자기) 방으로 가서 조용히 책이나 읽고 있어라, 그럼!"

아빠가 그런다고 '지 방'으로 갈 녀석이 아니지. 그나저나 나도 한시바삐 지방으로 내려가야 하지만, 내 배에 붙은 지방도 내려가야 하는데…. 반나절 만에 내려가는 지방보다 한 달 꼬박 운동해도 제자리걸음인 지방이 더 무섭다. 100리 길보다 3센티미터가 더 무섭다.

소망은 눈물 뒤에 온다

충주에 조문을 다녀왔다. 쉰한 살의 나이로 하늘로 돌아간 권지현 성도를 추모하러 갔다. 병중에 믿음을 가지셨고, 2년 만에 소천하셨다.

위로예배에 가서 말씀을 전하는 것은 여간 어렵고 곤혹스러운 일이 아니다. 죽음이라는 크나큰 상실의 자리에서 섣부른 소망을 말하는 것은 미세한 분노를 불러올 수 있다. 그렇다고 지나치게 사람만 위로하다 보면 진리를 놓쳐버리게 된다. 이것은 죽음을 대면하는 자리에서 성령님께 가장 민감해질 수밖에 없는 이유다.

1980년도에 서울 가리봉에서 만나 28년간 부부로 사신 남편이 아내를 회고하며 말했다.

"제 아내는 천사였습니다. 살아오면서 남을 험담한 적이 없습니다."

아들에게도 엄마에 대한 추억을 들려달라고 하자 맏아들도 비슷한 말을 했다.

"엄마는 천사예요. 우리가 하는 모든 투정을 다 받아주셨어요."

우리 교회를 다니는 막내에게도 엄마에 대한 추억을 물었다. 그는 아무 말도 하지 못했다.

나도 울고, 문상 간 우리 성도들도 울고, 모두 울었다. 천사를 잃어서 울고, 삶이 애절해서 울고, 성도의 슬픔 때문에 울었다.

소망은 늘 눈물 뒤에 온다. 천사는 갔어도 삶은 우리에게 남아서 천사처럼 살라 말한다.

나는 주례하는 결혼식도 좋지만 장례식도 좋다. 기쁨 가운데 웃는 것도 좋고, 슬픔 가운데 함께 우는 것도 좋다. 그게 인생이다.

간증의 유효 기간

밤 늦은 시간까지 춘녀가 귀가하지 않아서 아파트 1층 현관에서 딸을 기다리고 있었다.

우리 위층에 사는 아주머니가 9개월쯤 되는 늦둥이를 업고서 현관에 들어서다가 나를 보고선 지난 번 준 책을 잘 읽었다면서 말을 건넸다. "목사님, 이것 하나는 믿으세요. 저는 한쪽 나팔관이 없어 임신이 어려웠어요. 아이를 얻을 수 없었지요. 그러나 11년만에 아들을 얻었어요. 제가 11년 동안 다섯 번도 기도를 안 했지만 기도할 때마다 아들을 달라곤 했어요. 이 일은 하나님만이 하실 수 있다고 저는 믿었거든요. 그러니까 목사님도…."

나는 혹여 아내가 낫더라도 간증을 하지 않을 것이다. 응답을 받지 못한, 오래 기도해온 신실한 성도들에게 나 혼자 나았다고, 당신도 이렇게 해보라고 말할 수가 없다. 끝내 기적이 일어나지 않은 그들에게, 내게 일어난 일을 말하는 것은, 마치 하나님을 사랑하는 그들을 정죄하는 것 같아서다.

나에게 일어난 기적을 일반화하면 아픔을 겪고 있는 누군가에게 더 큰 쓰라림을 준다. 그래서 나는 아내가 나으면 오히려 입을 닫고 침묵하리라, 간증은 아내가 낫지 않은 동안만 하리라, 굳게 결심했다. 고통당하는 성도들을 생각하며.

능력보다 사랑이 먼저

꽃이 진다. 떨어지는 꽃도 아름답다. 지는 꽃도 아름다운 이유는 아름다운 꽃으로 피어났기 때문이다.

죽음도 마찬가지다. 삶이 아름다웠기에 죽음이 아름다운 것이다. 그리스도인의 아름다움은 죽음이 아니라 삶에 있다.

아내가 아프고 한동안은 이 짧은 인생에 이마저도 누릴 수 없냐고 하나님께 대들었다. 시간이 지나면서 미물 같은 내가 이미 누린 게 얼마나 많은지 깨닫고는, 내 삶 속에 신비로운 기적 같은 건 그리 많이 필요치 않게 되었다.

그분의 능력으로 창조하신 세상을 누리는 것만으로도 내 삶은 이미 기쁨으로 차고 넘친다. 언약을 지키는 그분의 신실함만으로도 내 삶은 이미 십자가 사랑으로 충만하다. 이제 나는 아름다운 죽음을 소망하며 아름다운 삶을 살아간다. 나에게 필요한 참된 능력은 그분의 백성으로 삶을 사랑할 수 있는 신실함이다. 아내가 일어나는 기적이 아니라 사랑으로 드리는 헌신이다.

밤새 가래가 아내를 괴롭힌 탓에 나는 잠을 한숨도 이루지 못했다. 결국 새벽기도회에 참석할 수 없었다. 삶이 무거울수록 능력은 멀리 있고 사랑은 가까이 있다. 그러나 삶이 힘겨울수록 인간은 능력을 가까이 하고 사랑은 멀리한다. 그래서 더 고통당한다.

남자들끼리 살까?

이틀째 두 아이가 놀고 있다. 춘돌이와 막내가 다니는 초등학교 개교기념일과 자유휴업일이 겹쳐서다.

춘녀는 학교에 가고 막내는 이모집에 놀러갔다. 나는 오늘 춘돌이와 둘이서 밥을 차려 먹었고, 지금은 춘돌이가 설거지를 하고 있다.

"춘돌아, 우리 집은 남자들만 일하는 집이다. 남자들끼리만 살까?"
"아니!"

의외의 대답이었다.

"왜? 우리 집은 남자들만 일하니까 우리끼리 나가서 살면 더 편하잖아."

"그러면 엄마는?"

"두고 가야지."

"그건 안 되지!"

갑자기 목청 높여 완강하게 말하는 아들. 나는 녀석이 뭐라고 말할지 궁금해서 천연덕스레 물었다.

"왜 안돼?"

"아빠는 엄마의 남편이잖아."

"에이, 그래도 힘들면 두고 가야지."

어젯밤 내내 아내 때문에 잠을 설친 내가 끝까지 우겼다. 아들도 지지 않고 끝까지 완강하게 말했다.

"아니지! 아무리 그래도 엄마가 죽을 때까지 돌봐야지!"

어린 녀석이 부부가 뭔지 알고 있다. 기분이 좋았다.

그래 이놈아, 아빠가 네 말대로 하마!

아픔도 삶의 일부

"아플 때나 건강할 때나…."

결혼식 때 신랑 신부가 함께 읽는 '부부 언약'의 한 구절이다. 부부

가 둘 다 아프면 그야말로 최악의 상황이다. 하지만 하나님은 나에게 건강을 주셨고 아내는 질병을 얻었다.

  우리 둘 다 건강했을 때는 아내가 남편을 전적으로 섬겼다. '왜 그때 나는 아내를 더 많이, 더 잘 섬기지 못했을까' 하며 나는 늘 후회한다. 아내가 질병을 얻으면서 건강한 내가 아내를 돌봐야 했다. 그건 전에 경험하지 못한 크나큰 삶의 변화였다. 이전과 다른 새로운 삶의 방식을 배워야 했다.

  아내의 병은 변화의 가능성이 없다. 나는 이런 사람을 돌본 적이 없다. 병은 나를 아내 곁에 오래도록 머물게 하는 동시에, 수많은 일거리를 감당하게 했다. 병상에 꼼짝 않고 누워만 있는 아내는 모든 상황을 전적으로 나에게 의존할 수밖에 없다. 이 경우 아내도 힘들고 건강한 남편도 지쳐간다.

암으로 투병 중이던 조이가 남편 C. S. 루이스에게 "아픔도 행복의 일부예요. 그게 이 세상의 이치지요"라고 말했다.

나도 아픔을 삶의 일부로 받아들이고 아내에 대한 신실함을 지키려 애쓰며 살아간다. 그게 내가 아는 최선이니까.

연합을 방해하는 것들

아내를 돌보는 일은 우리 가족의 중심에 변화를 가져왔다. 아이들보다 아내가 먼저이고, 집안 환경도 아내에게 편리한 구조로 바뀌었다.

아내를 목욕시키는 일은 아주 힘들다. 예전에는 매트를 깔고 목욕을 시켰다. 지금은 목욕의자를 구입해서 의자에 아내를 앉히고 샤워하듯 목욕한다.

그러나 안방 화장실이 좁아서 목욕하는 데 여간 불편한 것이 아니었다. 어제는 안방 화장실 세면대를 분리했다. 아내의 목욕의자가 편하게 들어가도록. 그러자 모든 것이 안성맞춤이었다.

아내를 씻는 목욕의자를 아내 침대 곁에 붙이고 그 옆에 내가 누웠다. 마음은 정말 편안했다. 그런데 몸이 불편했다.

부부의 연합은 몸과 마음이 함께 간다. 그러나 상애를 입은 이내의 몸은 마음을 따라주지 않았다. 마음은 원하지만 몸이 온전한 연합을 따라주지 않았다.

몸이 마음을 따라주지 않을 때는 마음으로 연합하면 된다. 그러나 마음이 몸을 따라주지 않을 때는 회개해야 한다. 연합을 방해하는 그 마음을!

열림 버튼, 닫힘 버튼

엘리베이터 안에는 층 번호와 열림, 닫힘 버튼이 있다. 대개 자주 누르는 닫힘 버튼은 손때가 많이 묻어 있거나 닳아 있기 마련이다. 이와 달리 열림 버튼은 거의 때가 묻지 않아 설치할 때 그대로이다.

아파트 엘리베이터의 닫힘과 열림 버튼을 보면서 나의 삶, 우리의 삶을 생각한다. 닫는 데 익숙하고 재빠른 내 모습을 본다. 여는 데 낯설고 더딘 우리네 삶을 본다.

아파트 주변에 나무를 심는다고 살기 좋은 아파트가 되는 게 아니다. 학군이 좋다고 좋은 아파트가 아니다. 문 여는 데는 빠르고 닫는 데는 느린 아파트가 좋은 아파트이다. 마음은 빨리 열고, 느긋하게 닫는 곳이 살기 좋은 아파트이다.

부디 우리 마음의 닫힘 버튼을 너무 빨리 누르지 말고 살면 좋겠다.

너네 아빠 찾아가라

"윤서야, 아빠 일 좀 도와줘."

"싫어."

아빠 일을 돕지 않는 아들에게 한마디 던졌다.

"그래도 넌 아빠가 사랑하는 아들이야."

아들 녀석의 대답은 자못 당당하다.

"나, 아빠 아들 안 할 거야. 하나님 아들 할 거야!"

옆에서 뒹굴던 윤지가 대꾸한다.

"하나님의 아들이 아니고 하나님의 노래야."

"윤지야, 우리는 모두 하나님의 자녀야."

오빠가 한 말에 윤지가 다시 묻는다.

"아들이면 난 안 되잖아?"

'자녀'라는 말에 아들만 포함되는 줄 아는 윤지에게 오빠가 다시 설명해준다.

"윤지야, 하나님의 자녀는 아들도 딸도 다 되는 거야."

두 녀석의 대화를 가만 듣노라니, 이 오누이들 꽤나 웃긴다. 결국 아빠의 아들 딸보다는 하나님의 아들 딸이 더 좋다는 거다. 그걸 벌써 알아채다니. 녀석들이 기특하면서도 섭섭한 내가 최후의 한방을 날렸다.

"그래 이놈들아, 너네 애비 찾아가라!"

누군가의 시선에 따라

4월의 마지막 금요일, 교회 청년 둘이 우리 집에 놀러왔다. 아이들과 한참 놀아주면서 집안 여기저기를 사진으로 찍어댔다.

같은 장면이라도 사진은 찍는 사람의 마음과 시간대, 구도에 따라 참 다르게 연출되는 것 같다. 내 눈엔 그저 휑해 보이던 거실인데, 어떤 사진을 보면 여기가 우리 집이 맞나 싶을 정도로 풍성함이 가득하다. 반찬으로 가득한 식탁, 여유로워 보이는 책상, 책장에 가득한 책들, 게다가 신비롭기까지 한 거실 창문….

우리 삶을 풍성하게 하는 것은 사람이다. 애정을 담은 사진 몇 컷을 통해 밋밋한 일상 속에 감춰진 풍성함을 발견하고 누린다. 심심한 일상 가운데 숨겨진 하나님의 풍성한 은혜를 발견하고 누리는 것, 이것이 그리스도인의 삶이다.

아내가 나를 키운다

한낱 작은 개척교회 목사인 나를, 아내가 유명하게 만들었다.

나의 설교와 간증은 아내와 함께 살며, 아내를 돌보며, 아내를 그리워하는 시간 속에서 만난 하나님 이야기이다. 그러니 아내로 인해, 아내를 통해 경험하고 만난 하나님이 내 이야기의 전부라고 해도 과언이 아니다.

서정주 시인은 〈자화상〉이라는 시에서 "나를 키운 건 8할이 바람"이라고 했지만, 나를 키우는 건 병든 아내의 고통이다. 아내는 건강할 때에도 나를 높였고, 아파 누운 지금도 나를 높이는 사람이다. 바란 적 없지만, 내 삶은 그렇게 진행되고 있다.

아내, 내 삶의 동반자

부부는 결코 떨어질 수 없는 한 몸으로 부름받은 존재이다. 그러나 아내가 가장 원하는 그것을 나는 가장 어려워한다. 그건 성육신을 요구하기 때문이다. 성육신이 어려운 이유는 능력을 요구하기 때문이 아니라 그냥 머물기를 요구하기 때문이다. 무엇을 함이 아니라 함께 있어주어야 하기 때문이다.

내가 중년에 들어서던 해에 아내가 병으로 쓰러졌다. 불시에 찾아온 질병은 내 삶의 방식을 뒤바꾸어놓았다. 이전에는 나를 돌보던 아내가 이제는 내가 돌봐야 하는 아내로 서로의 역할이 바뀌었다.

질병은 아내와 나 사이를 부부 관계에서 환자-보호자 관계로 만들어버렸다. 나는 먹여주고, 돌봐주고, 씻겨주고, 안아주고, 자세를 바꿔주고, 침을 닦아주어야 하는 보호자가 되었다. 그러나 남편인 나는 아내와 더불어 인생을 살아가야 하는 존재이다.

병상에 누운 아내를 집에 가만히 두면 환자가 된다. 그러나 비록 병들었어도 배우자로 인정하고 다양한 삶의 영역으로 함께 동행하기 시작하면 환자가 아닌 '동반자'가 된다.

투병 중에 있다는 점에서 아내는 여전히 환자이지만, 조금씩 일상적인 생활과 나의 일정에 아내를 동참시키고 있는 중이다.

아내는 다시 내 삶의 동반자가 되고 있다.

수고 없는 사랑은 없다.

앞으로도 아내와 함께하는 것에 수고를 더할 것이다.

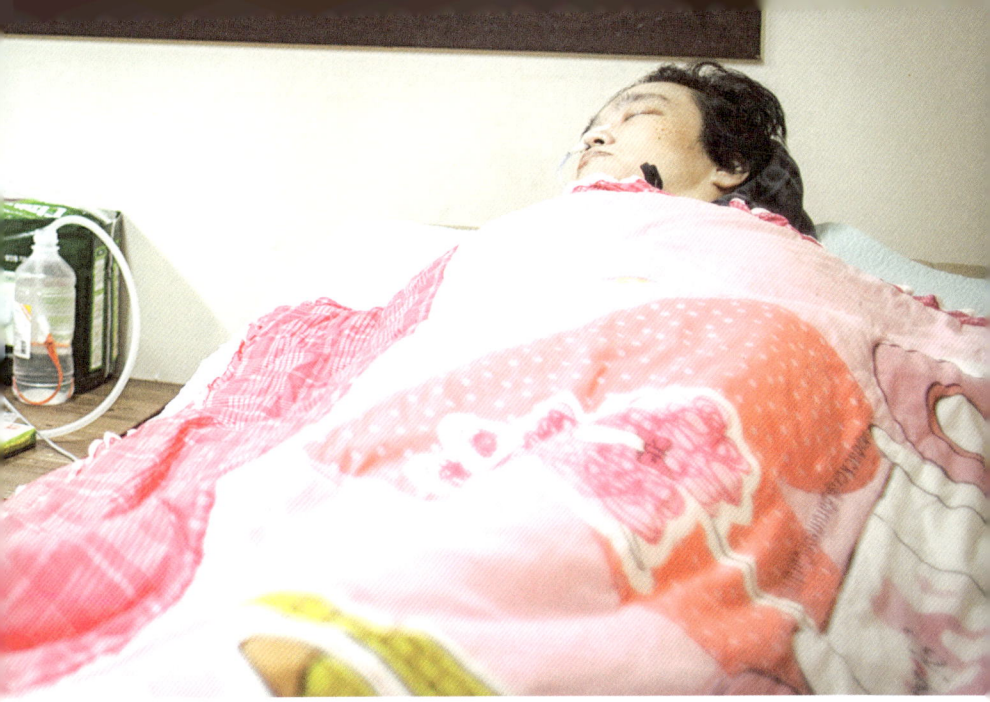

스물일곱 살 수진을 만나다

아내와 함께 수진 자매를 만나러 갔다. 개조한 스타렉스에는 이동식 병상이 들어가고 석션기까지 달려 있어서 아내를 태우고 가기에 별 어려움이 없다.

수진은 스물일곱 살의 재기 넘치고 아리따운 아가씨다. 그런데 한순간에 찾아온 교통사고가 그의 인생을 흉측하게 할퀴었다. 꿈을 성취하기 위해 열정적으로 활동할 20대의 그 몸이 이제 스스로는 아무것도 할 수 없게 되있다. 그 아픔을 누가 알까.

스물일곱 살 때 아내는 나와 결혼을 했고, 서른다섯 살에 셋째를 낳고서 갑자기 쓰러졌다. 수진 자매는 이제 스물일곱 살이다. 우리가 할 수 있는 건 아무것도 없으나, 우리의 아픔으로 다른 사람을 위로하시는 하나님을 만난다. 힘겨운 상황을 사랑으로 이겨내는 수진과 그녀의 어머니가 정말 대단해 보인다. 고난 가운데 사랑이 자라고 사랑이 회복으로 임할 것이다.

슬픔과 아픔이 있다고 해서 삶이 무의미하거나 아름답지 않은 것은 아니다. 아픔이 있어도 여전히 삶은 의미 있으며 아름답기까지 하다. 슬픔으로 인해 무기력해진 하루하루가 매순간 얼마나 지혜를 구하게 하는지, 아픔이 가져온 불편함이 삶을 얼마나 온전하게 보게 하는지, 수진 자매와 그 어머니를 만나면서 거듭 생각하게 된다.

향수와의 대화

새해 벽두의 이른 아침, 책상 서랍 속에 뒹굴고 있는 향수를 발견했다. 이런 게 있었네 싶어 기쁜 마음에 칙 하고 뿌려보았다. 향기가 방 안 가득히 퍼져나갔.

누군가로부터 받은 선물임이 분명하다. 누가 언제 주었는지도 기억나지 않지만 그 선물만은 책상 서랍에 잘 간직하고 있었다. 향수는 오랫동안 내가 자기를 찾아줄 때를 기다리고 있었는지도 모른다.

상쾌한 향기를 맡으며 한동안 멍하니 서 있으니 향수가 내게 말을 걸어오는 것 같다.

"너는 다른 누군가의 삶에 향기를 더한 적이 있는가?"

정말이지 나는 여지껏 다른 이들의 삶을 향기 나게 한 적이 얼마나 있었을까. 누군가의 삶에 향기를 더할 수도 있지만 아픔을 줄 수도 있는 고약한 물건이 바로 인간이 아닐까. 한동안 생각에 잠겨 있는데, 향수가 다시 말을 건넨다.

"사람이 향기 나는 물건이 되려면 자신의 아픔을 견뎌야만 한다."

아픔을 먹고 자랄 때 삶의 향기가 빚어진다는 것이다. 향수의 마지막 한마디가 강렬하게 다가왔다.

"남에게 아픔을 주는 자는 향기는커녕 악취를 풍긴다."

악취를 풍기는 인간, 무서운 말이다.

이현주 목사님도 이런 말을 했다.

"인간은 겁나는 물건이다."

그렇다. 인간, 참 고약한 물건이다. 나는 향기를 만드는 아픔도 겁나지만, 악취를 풍기게 될까 봐 겁이 난다. 그래도 올 한 해, 향기 나는, 향기를 더하는 존재가 되기를 소망해본다.

허물도 쓸모가 있다

한때 섬겼던 선교단체 수련회에서 설교를 하게 되어, 우리 교회 새벽기도회를 마치면 바로 그 장소로 향했다. 젊은이들의 열정은 놀라워서 수련회를 갈 때마다 오히려 내가 은혜를 받는다.

수련회 마지막 날 집으로 돌아오는 길에 학생들이 빼곡하게 적은 손편지를 보며 혼자서 감사의 고백을 올려드렸다. '하나님, 고맙습니다! 이 형편없는 자를 이렇게 사용해주시니 그저 감사할 뿐입니다.'

살아온 삶이 험악해도 하나님은 나의 모든 순간을 설교의 재료로 사용하신다. 도드라지던 20대의 허물도, 나를 받아주고 사랑한 공동체를 아프게 했던 미성숙함도… 모두 사용하신다. 그 모든 과정은 나의 성숙을 위한 밑거름이었다. 이제는 내가 그들을 받아주고 품어줄 거름이 될 차례이다.

삶, 아무리 하찮아 보여도 버릴 것이 없다! 하나님이 살아 계시기에. 하나님이 깨달음을 주시면 지우고 싶은 삶이라도 다 쓸모가 있다. 듣는 이들에게 자유함을 주는 나의 허물 속에 하나님의 역사하심이 있다.

LTE에서 2G로

아이폰을 사용하다가 2G 폴더폰으로 바꾼 지 한 달이 되어간다. 불편함이 이만저만이 아니다. 가벼운 터치 한 번으로 쉽게 하던 모든 일들을 전혀 할 수 없게 되었다.

가늘게 실눈을 뜨고 방향키를 여러 번 움직여서 저장된 번호를 겨우 찾아내 전화를 건다. 전송된 메시지는 네 단계의 과정을 거쳐서 겨우 확인한다. 핸드폰 활용도가 줄어들다 보니 이제는 오는 전화만 받고 필요한 문자만 보낸다.

아이폰을 쓸 때는 문자메시지 용량을 다 채우지 않아도 되었다. 스마트 기능을 갖춘 아이폰으로 카카오톡, 페이스북, 이메일 등 여러 채널을 활용하여 메시지를 주고받았다. 그러나 지금 쓰는 폴더폰은 저장 공간이 터무니없이 작아서 메시지를 남겨둘 수도 없다.

폴더폰으로 바꾼 뒤 사진을 찍는 일도 거의 없다. 전송된 사진조차도 다운받기를 주저한다. 해상도가 떨어지기 때문이다. 통신업계에서 보면 내 삶의 방식은 거의 원시인 수준으로 퇴화해간다고 평가하지 않을까?

그래도 좋다. 쉽게 하던 일을 하지 못해도, 그래서 불편한 점이 한둘이 아니어도. 그 불편함이 주는 가장 큰 선물은 생각할 시간이 많아지고, 주변 사람들을 볼 수 있는 여유가 생기고, 이동 중에 책을 보는 시간이 많아졌다는 것이다. 빠름에서 느림으로 옮겨가는 모든 것이 좋다

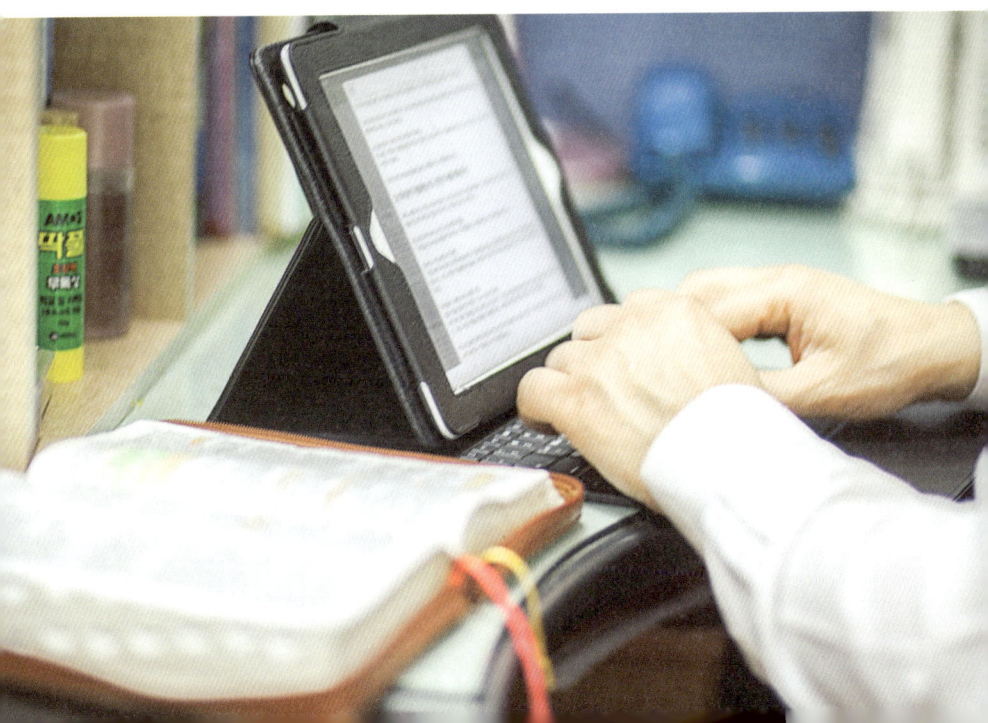

고 할 수는 없다. 다만 내가 반응하고 절제할 수 있을 만큼의 속도감으로 살아가는 것이 중요하다. 그것이 스트레스를 덜 받는 일이다.

다시, 기나긴 일과

 길었지만 보람된 하루의 일과를 마쳤다. 오전 10시부터 여섯 가정 심방, 운영위원회 회의 두 시간, 청년부 수련회 방문, 그리고 밤 11시 귀가.
 이제 남은 건 주방 정리와 아이들이 쌓아둔 그릇들 설거지, 거실 정리, 내일 주일 준비⋯ 이 정도야 뭐 늘 하던 일이다. 그리하여 피곤에 찌든 육신에는 사탄의 시험이 찾아왔다. 육신의 피곤을 빙자하여 삐져 나오려는 본성(성질), 내 안에 역사하려는 어둠의 권세를 향해 살인 미소를 날렸다.
 루터가 그랬다지. 우리가 가장 견디기 어려운 건 '사탄의 조롱'이라고. 피곤함으로 인한 틈을 노리고 슬며시 기어들어오려는 놈을 조롱해준다.
 '훗, 이 정도로는 어림없지!'

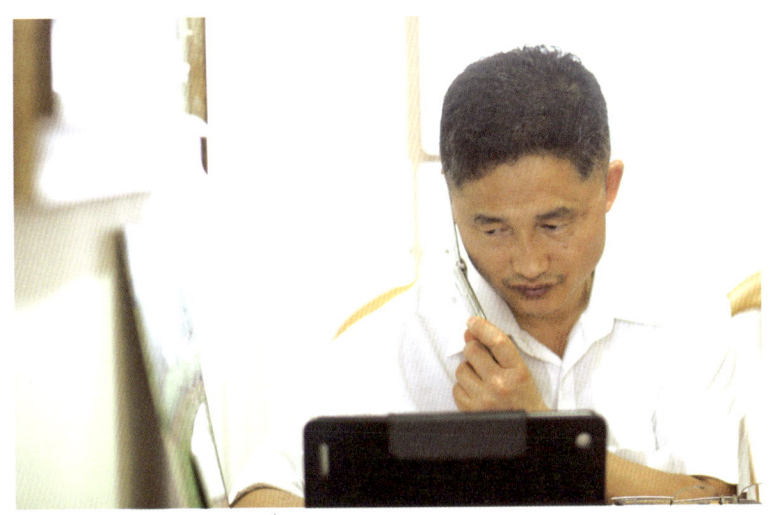

내가 반응하고 절제할 수 있을 만큼의 속도감
불편함이 주는 선물

신앙, 생의 이면에 눈을 뜨다

내가 너를,
오래 기다렸다

내 나이 스물다섯에 주님을 만났을 때, 그분은 이렇게 말씀하셨다.

"내가 너를 기다렸다."

그분을 만났을 때부터 그분은 나를 보고 항상 죄인이라고 했다. 내 속 깊은 곳에 숨겨진, 나도 모르는 것들을 찾아내 죄라고 하셨다. 덮어 두었던 나의 은밀한 죄악 또한 그분 앞에서 조금씩 드러났다. 때로는 말로, 때로는 눈물로, 그리고 때로는 표현할 수 없는 눈빛으로 내게 말씀하셨다.

"너는 죄인이다."

이 말을 들을 때마다 마음이 그렇게 기뻤다.

"그래요, 주님. 전 죄인입니다!"

이 고백이 내 삶을 세우는 주춧돌이 되었다. 나는 분명히 죄인이되, 죄 없는 단 한 분으로 말미암아 '용서받은' 죄인이다.

예수를 믿은 지 25년이 지난 지금도 변함없이 나는 죄인이지만, 그분 앞에서 드러난 내 존재의 연약함이 나를 더욱 온전하게 한다. 나의

　연약함이 나 자신을 알게 하고 나를 그분과 연합하는 길로 이끌었으며, 아버지께로 나아가는 거룩한 길로 인도했다. 그리하여 하나님 앞에서 자유하게 하였다. 죄인으로서 거룩한 길을 걸을 수 있는 이 은혜가 나를 새롭게 하였다.

　하나님과 교제하는 죄인으로서 그분의 거룩 앞에 선다. 오직 그분의 긍휼로만 그 앞에 설 수 있다. 나의 연약함을 감싸는 그분의 긍휼과 용서로 인해 감사한다.

　아무리 성숙하게 변해도 난 죄인이다. 그분의 은혜로 언젠가는 죄인이라는 딱지를 떼고 온전한 피조물로 그분 앞에 설 날이 올 것이다. 이 땅에 사는 동안은 단 한 번도 경험해보지 못한 온전한 하나님의 형상으로 설 그날이 언젠가 내 앞에 펼쳐질 것이다. 눈으로 그분을 보고, 귀로 그분의 음성을 듣고, 새들이 노래할 때 난 춤을 추고, 사랑하는 나의 친구들과 그분 앞에서 행복에 겨워 뛰놀 그날을 그리워한다. 슬픔의 눈물 대신 기쁨의 눈물을 흘리며 하나님과 더불어 사는 영원한 인간이 되는 날을 사모한다. 영원한 인간으로서 영원히 하나님을 찬양하는 나를 떠올려본다.

그러나 다가올 영광스러운 날은 여전히 아득한 데 비해 이 땅의 삶이 주는 고통은 너무나 생생하고 현실적이다. 어느 날 나의 삶을 신실하게 떠받쳐주던 버팀목 같은 아내가 맥없이 쓰러져, 갓난아기처럼 생존에 필요한 모든 것을 의존하는 병들고 부서진 존재가 되고 말았다. 생의 아픔이 너무 버거워 가끔은 움켜쥔 삶의 줄을 그만 놓고 싶을 때도 있다.

때로 삶의 아픔보다 믿음이 나를 더 깊은 혼돈 속으로 던져 넣었다. '여기'의 삶을 좋아하는 나에게 믿음은 '저기'의 삶이 더 아름답지 않으냐고 유혹했다. 오직 '영생'만이 고통을 견디게 하는 힘이라고 속삭였다. 고통에 침묵하시는 하나님을 신뢰하라고 나를 꼬드겼다. 낫지 않는 병으로 인한 고통보다 하나님이 나의 아픔에 침묵하신다는 사실이 나를 더욱 아프게 했다. 그러나 믿음은 삶을 보는 새로운 눈을 열어주었다. 아픔을 통해서만 드러나는 삶의 속살이 서서히 모습을 드러냈다.

비참함과 고통은 나의 비열한 인간성을 있는 그대로 폭로했다. 조악하고 비열한 성질을 있는 대로 부렸다. 진흙 웅덩이에 내동댕이쳐진 심정으로 나는 분노했다. 나 좀 그만 때리라며 하나님께 대들었다. 섣부른 위로를 베풀려는 이들에게 '당신이 한번 당해보라지' 하는 마음으로 험한 낯빛을 내보였다. 깊은 어둠 속으로 숨는 것이 가장 안전할 것 같았다.

　깊은 심연 속으로 가라앉아버리면 잃어버린 삶을 보상받을 수 있을 것 같았다. 그러나 아픔은 도리어 어둠 속을 걷는 이들, 심연 속을 헤매는 이들의 마음을 느끼고 이해하도록 나를 끌어냈다.

　오직 고통으로만 다가갈 수 있는 아버지의 신비를 경험하였다. 아파서 울고, 새로워서 울었다. 생의 가시에 찔려 아플 때도, 소망을 발견하여 기쁨이 넘칠 때도 울었다. 눈물을 통해 속 감정을 쏟아냈고, 눈물로써 숨겨진 삶의 신비를 깨달았다. 내 울음은 깊고 길었다.

　오직 고통을 지나야만 만날 수 있는 새로운 공동체가 형성되기 시작했다. 기나긴 내 눈물을 보고 사람들이 모였다. 생의 고통에 우는 이들도 오고, 사랑이 많은 이들도 왔다. 그들이 나를 찾아왔을 때 한 일은 함께 운 것이었다. 웃음 속에 눈물을 감추고 살아온 이들도 하나씩 찾아왔다. 슬픔을 드러낼 수 없던 이들이 슬픔을 안고 찾아왔다. 그들을 만나 함께 울 때, 위선적인 웃음이 사라지고 억눌렸던 눈물과 가식 없는 웃음이 살아났다.

　예전에는 내가 그들을 찾아갔지만 지금은 그들이 나를 찾아온다. 나는 머물러 있고 그들이 나를 찾는다. 아픔을 매개로 하는 이런 만남이 물리적인 시공간에서만 이루어지는 것은 아니다. 원근 각처에서 내 책을 읽고 공감하고 교감하고 소통하는 이들이 있다. 온라인 페이스북으로 나누는 일상의 글 한 줌을 읽고 자신의 감춰진 아픔을 가감 없이 드러내는 이들이 있다. 수많은 이들과 직접 얼굴을 대면하고 대화하지는 못함에도, 나도 모르는 새 아픔과 눈물의 공감과 소통이 이루어지는 거대한 커뮤니티가 형성되고 있었다. 이 커뮤니티의 공용어는 고통의 언어, 눈물의 언어였다.

하나님은 늘 내가 알지 못하는 길로 나를 인도하신다. 젊고 건강할 때는 미래에 대한 가능성을 상상하면서 불안을 떨쳐내곤 했다. 그러나 제2의 인생기라 불리는 중년에 앰뷸런스를 타면서 시작된 새로운 여정은 도무지 끝을 가늠할 수가 없다.

앰뷸런스에 올라탄 인생을 부러워할 이들이 과연 몇이나 될까? 모두가 길을 비켜주지만 아무도 부러워하지는 않는 삶, 빠르기는 하지만 잦은 불안과 두려움으로 점철된 삶, 촌각을 다투는 위기가 일상화된 삶. 과연 누가 이런 인생을 원할까? 그런데 하나님은 내게 그 길을 달리게 하셨다. 앰뷸런스를 탄 채 인생을 새로운 여행길로 만들어가야 했다. 여전히 하나님은 그 아슬아슬한 길 위에 서라 하신다. 그 위태위태한 길 위에서 살아가라 하신다. 이 길의 끝이 어디인지, 언제인지 나는 모른다.

살다 보니, 몰라도 살아가게 된다. 알고 있기에 살아낼 수 있는 게 인생이 아님을 깨닫는다. 눈이 어둠에 적응하듯이, 막막함 속에서도 차츰차츰 길이 눈에 들어오고 사는 법을 익히기 시작한다. 불안 속에 평안이 있음을 발견하고는 스스로 놀란다. 흔들리는 위기 가운데 균형을 잡아주시는 하나님을 만난다. 내가 사는 게 아니라 하나님 안에서 살아진다. 내 생각대로 산 게 아니라 그저 하루하루 인도하시는 대로 걸었더니 그게 삶이 되었다. 그 고통의 삶이 메시지가 되었다.
 하나님은 숨겨진 인생의 뒷면을 새롭게 열어젖히시는 데 달인이다. 하나님은 고통을 통해 내 삶의 뒷면을 여셨다. 고통으로 실체를 드러낸 내 인생의 뒷길은 믿음으로만 걸을 수 있는 좁은 길이었다. 그 협착한 길에서 하나님은 하루하루 당신을 찾으며 살라고 하신다.
 "너의 삶 속에 함께 걷고 있는 나를 발견하기 바란다."

고통 덕분이다?

"목사님, 사람들은 인생에 정신적 혹은 신체적으로 불편을 느낄 때, 그러니까 인생에 '고통'이라는 요소가 끼어들어야 하나님을 찾는 걸까요? … 고통이 생겨서 하나님을 찾게 되는 걸 그나마 다행이라고 생각해야 될까요?"

언젠가 이런 질문을 받고 나서 한참을 생각에 잠긴 적이 있다. 고통이 닥쳤을 때 비로소 하나님을 찾게 된다면, 정말로 고통을 다행이라고 생각해야 할까? 그렇지 않다. 이런 관점은 일의 결과를 중심에 놓고 생각하는 태도라고 본다.

내가 아는 한 고통은 하나님을 찾게 하는 것은 아니다. 하나님을 찾게 하는 것은 믿음이다. 물론 삶의 아픔과 고통은 하나님을 찾을 수 있는 기회를 제공해준다. 고통을 통하여 자신의 연약함을 볼 수 있게 되고, 인생의 불합리(자신의 잘못이 아니어도 고통을 당하게 되는)를 경험하게 되기 때문이다. 그런 점에서 고통이 하나님을 찾을 기회를 주는 건 분명하다.

그러나 하나님을 찾는 것은 결코 믿음 없이는 안 되는 일이다. 고통이 하나님을 찾는 시발점이 될지라도, 믿음이 없으면 고통이 해결되는 순간 하나님을 떠나게 된다. 고통을 통하여 하나님을 찾는 경우, 성경이 말하는 하나님이 아니라 우상적인(자기의 필요를 충족시키는) 하나님을 찾기 쉽다. 순종보다는 자기 필요를 채우기 위해 하나님을 찾는 것, 그것이 바로 '바알 신앙'이다.

오직 하나님은 믿음으로 찾는다.

고난 없는 삶은 없다

아내가 쓰러진 뒤, 한동안 절박하고 통절한 심정으로 기도원을 찾았다. 그런데 기도원에서 얻은 건 평안이 아니라 혼란이었다. 기도원에서 선포되는 말씀 때문이었다.

"예수님이 십자가에 달려 죽으심으로 우리의 죄 짐과 고통까지 다 가져가셨다."

아니, 예수님이 다 가져가셨는데 난 왜 이렇게 무거운 고통에 눌리고 있나. 고통마저 십자가에 다 못 박았다는데, 그럼 내가 겪는 이 고통은 대체 뭐란 말인가.

시간이 지나면서 나는 무겁게 입을 닫고 침묵으로 반응했다. 그 말씀이 거짓이었기 때문이다.

십자가의 예수님이 우리의 죄 짐을 다 지시고 가져가신 것은 맞지만, 고통을 모두 거두어가시지는 않았다. 심지어 예수님은 제자들에게조차 고통의 삶을 말씀하셨다.

"세상에서는 너희가 환난을 당하나." 요 16:33

그러면서 그 나라를 바라보며 환난을 견디고 인내하라고 말씀하셨지, 고통이 없다고 하신 적이 없다. 사도 바울은 "그리스도의 남은 고난을 그의 몸 된 교회를 위하여" 자신의 육체에 채운다고 했다. 교회를 위한 남은 고난이 있다.

거짓 메시지로부터 벗어나자 삶 속에 임하시는 하나님의 은혜가 보이기 시작했다. 하나님의 은혜가 질병이 주는 짐으로부터 벗어나는 힘을 주었다. 거짓은 우리를 속박하지만, 진리는 우리를 자유케 한다.

기도와 분별력

기도를 하면 가장 좋은 시간을 선택할 지혜를 얻는다. 각자의 삶 속에 이미 주어진 것들을 발견할 수 있는 분별력을 갖게 된다.

지난 2년 동안 병상에 누운 아내를 돌보면서 가장 어려웠던 것은 설교 준비를 위한 시간을 떼놓는 것이었다. 분주함은 항상 설교 시간을 뒤로 밀어냈다. 마음은 늘 앞서가지만, 결과는 밀리고 밀려 결국 토요일이 되곤 했다. 때로는 일상에서 겪는 짜증이 준비하던 설교도 미루게 하였다.

그런데 나흘간 금식기도 시간을 통해 깨닫게 된 사실이 있다. 가장 좋은 시간이 이미 내게 주어졌다는 것이다. 토요일 새벽, 내겐 이때가 설교를 준비하기 위한 최고의 시간이었다. 그렇다. 토요일은 (밤보다) 새벽이 좋다!

장모님이 오셔서 금요일 밤부터 주무시기에 아내 병구완에서 자유롭고, 학교를 안 가는 아이들이 늦게까지 잠을 자니 놀아줘야 하는 부담에서 자유롭고, 밤 11시에 끝나는 금요기도회로 인해 성도들이 토요 새벽기도회에 오지 않아서 홀로 있기에 딱 좋다.

정말이지 기도는, 우리에게 주어진 가장 좋은 것을 발견하게 한다. 가장 좋은 때를 깨닫게 한다. 기도는 혼돈에서 질서로, 혼란에서 안정으로 우리를 구원한다. 기도는 이미 주어진 평범한 것들의 소중함을 잊고 사는 우리를 일깨운다.

"네 안에 이미 가장 좋은 것이 있다."

너희는 더욱 큰 은사를 사모하라.

But eagerly desire the greater gifts.

_고전 12:31

잠에 취한 기도

오늘 새벽기도 시간은 눈 감고 반쯤 자다가 왔다.

새삼 하나님이 놀랍다. 졸지도 주무시지도 않는 분이라니. 일하시면서 쉬기도 하시고, 잠들지 않고도 안식하실 수 있는 분이라니!

목사로서 자책감이 밀려오는 순간, 문득 신학대학원에서 공부하던 시절 교수님이 해주신 말씀이 떠오른다. 신대원 들어가서 1년간은 거의 졸기만 했던 기억밖에 없다. 영성훈련 실습 시간에 항상 졸기만 하는 나를 보고 교수님은 이렇게 말씀하셨다.

"기도하려는 열망도 기도다."

깨어서 부르짖는, 의지적인 활동만을 기도로 여겼던 내게 그분은 열망도 기도요, 삶 전체가 기도임을 가르쳐주셨다. 우리의 의지적이고 능동적인 행위와 노력에 비길 수 없는 하나님의 크신 은혜를 잊기 쉬운 내게 은혜 안에서 쉬는 법을 가르쳐주신 것이다. 이 아침에 새삼 그 말씀이 기억난다.

부부 관계와 기도

기도가 삶을 형성한다. 동시에 삶이 기도를 이끌어간다. 이를 잊어서는 안 된다.

예를 들어, 부부 사이에 문제가 생기면 '기도를 하지 않아서 그렇다'라고 쉽게 말하는 이들이 있다. 그런데 정작 부부의 삶을 소홀히 함으로써 기도가 막히는 일이 일어난다.

사도 베드로도 기도가 막히지 않도록 아내가 자기보다 연약한 그릇임을 이해하고 더불어 살면서 귀하게 여기라고 권면하지 않았던가. ^{벧전 3:7 참조} 사도 바울은 기도에 전념하기 위해 서로 합의하여 잠깐 방을 따로 쓰는 예외를 제외하고는 서로 물리치지 말고 곧 다시 합하라고 권면하지 않았던가. ^{고전 7:5 참조}

기도생활을 막힘없이 잘하기 위해서라도 부부가 서로 배려하고 존중하며 사랑하는 일상이 대단히 중요하다. 그러니 서로 사랑해야 할 시간에 기도를 핑계로 도망가지 말아야 한다. 기도한다는 핑계로 더불어 살아가는 삶을 소홀히 해서는 안 된다.

사랑하는 삶이 곧 기도다.

하나님 중심의 삶

췌장암에 걸린 환자에게 심방을 갔다. 나는 분명 그분의 회복을 위해서 기도할 것이다. 췌장암 말기라는 얘기를 들었음에도 불구하고, 치유를 위해 기도할 것이다.

그러나 내 아내의 질병을 위해서는 언제나 이렇게 기도한다.

"하나님, 오늘도 지혜롭게 아내를 돌보게 해주세요."

기도함으로 질병에서 회복되고 치유되는 것을 나는 믿는다. 아무리 기도해도 낫지 않는 경우도 있음을 믿는다. 이것이 결코 믿음이 없는,

인간 중심적인 생각은 아니다.

- 인간 중심적인 생각은 둘 중 하나만 선택한다. '낫는다' 아니면 '안 낫는다' 식의 이분법으로 명확하게 구분하려 한다.

하나님 중심적인 생각은 낫기도 하고 낫지 않기도 하는 질병이 있음을 받아들인다. 거짓은 언제나 한쪽만 선택하도록 유혹한다. 거짓은 양자(낫는다 vs 안 낫는다) 사이의 긴장을 견디지 못하게 한다.

우리 삶에는 심판도 있고 구원도 있다. 승리도 있고 패배도 있다. 이는 '그날'이 오기까지 변함없는 진실이다. 이를 믿고 받아들이는 것이 하나님 중심의 삶이다.

세우기와 허물기

말씀으로 자기를 세우는 사람보다
말씀으로 자기를 허무는 사람이 좋다.
말씀으로 자기를 세우는 사람은
말씀보다 자기를 세움으로 자기 의에 이르기 때문이다.
그러나 말씀으로 자기를 허무는 사람은 겸손에 이른다.
그 사람은 말씀을 세운다.

그분 뜻대로 vs 내 뜻대로

하나님은 만사를 항상 당신 뜻대로 하신다. 그렇다고 하여 우리가 당신 마음대로 하시는 하나님을 이기적이라고 하지는 않는다. 하나님은 자기 뜻, 자기 마음대로 해도 이기적이지 않을 수 있는 유일한 분이시다.

당신 뜻대로 행하시는 하나님을 우리가 이기적이라고 하지 못하는 이유는 우리를 향한 그분의 사랑 때문이다. 그러나 인간은 올바른 뜻을 가지고 행하여도 사랑으로 하지 못하기 때문에 결국 그 뜻이 자기 의로 변한다. 올바른 뜻으로 시작했으나 결국에는 이기적인 인간이 된

다. 그런 사람은 《레 미제라블》에 나오는 자베르 경감처럼 사랑 없는 정의로 냉혹한 인생을 살아간다.

아픔도 빛을 낸다

어느 교회 청년부 수련회 첫날, 저녁 설교를 준비하던 중 강한 성령의 임재를 경험했다. 다음은 그때 내 안에서 뜨겁게 터져나온 메시지의 일부이다.

우리가 자주 착각하는 것이 있습니다. 내 아픔이 다 치유되었기 때문에 빛난다고 생각합니다. 아닙니다. 치유가 빛을 발하는 것이 아니라 아픔 자체가 빛을 냅니다. 연약함 자체가 우리를 빛나게 하는 것이지요. 아픔 속에 임재하시는 주님이 빛을 내시는 것이지요. 기억하세요. 아픔을 품으면 거기서 빛이 나기 시작합니다. 이 시간 하나님이 우리에게 하시는 말씀이 무엇일까요? 이런 말씀은 아닐까요?

"사랑하는 너희들은 아픔을 고치려고, 아픔을 없애려고만 몰두하는구나. 그 아픔을 통해 나를 만날 수는 없겠니? 그 아픔을 통해 네 주변의 아픈 이웃을 볼 수는 없겠니? 아픔이 없어지고 깨끗이 나아야 빛나는 건 아니다. 여전히 아픔이 있더라도 내가 그 아픔 안에 거하면 빛이 나는 거란다…."

근본적인 이유

병든 아내를 돌보는 것이 수월치는 않다. 그러나 내 삶이 힘든 근본적인 원인은 사실 따로 있다. 병든 내 영혼과의 싸움이 나를 힘들게 한다.

물론 처음에는 아내의 질병과 그로부터 파생되는 것들이 힘겨웠다. 그러나 시간이 흘러 어느덧 익숙해지게 되고 삶의 아픔을 품게 되면서부터 정말 인생을 힘들게 하는 건 따로 있다는 걸 인식하기 시작했다.

육체의 질병으로 말미암는 고통이 영혼의 질병에서 비롯되는 고통을 결코 넘어설 수 없음을 알게 되었다. 병든 영혼과의 싸움은 평생에 걸쳐 끝없이 계속되기 때문이다.

멈추지 않는다면

"아무리 형편없는 경주를 마쳤어도 하나님은 당신을 위해서 면류관을 준비해두셨습니다."

영성 신학자 마르바 던이 한 말이다. 중요한 건, 그다음에 이어지는 말이다.

"만일 당신이 경주를 멈추지 않는다면."

그렇다. 우리 삶의 달음박질이 끝나면 하나님은 우리 각 사람을 위한 면류관을 주신 것이다. 중요한 건 달리기의 등수가 아니라 지속성이다. 그러니 믿음의 경주를 멈추어선 안 될 일이다.

우리의 걸음이 면류관을 받는다. 삶의 등급이 아니라 삶의 지속성이 면류관을 받게 한다. 지금 저마다 자기 삶이 형편없어 보일지 몰라도, 이미 면류관을 보장받은 삶이니 얼마나 대단한가!

그래서 오늘도 다시 일어나 걷는다. 넘어져도 Go, 아파도 Go, 주저앉았다가도 Go…. 쉬다 가고, 놀다 가고, 울다 가고, 더디 가도 면류관이 있다.

믿음의 경주를 멈추지만 않는다면.

긍정적 사고와 믿음

"항상 긍정적인 생각을 하고, 언제나 밝은 면만 보려고 애써라."
"자신의 행복을 위해 열정적으로 노력하라."
"하나님은 언제나 우리가 번창하길 바라신다."

이처럼 '긍정적 사고'에 초점을 맞춘 긍정주의 메시지는 늘 자신의 결심과 의지에 집중하게 한다. 또한 '적극적인 사고방식positive thinking'을 통해 마침내는 '자기 자신(의 의식)'을 크게, 최대치까지 키우도록 촉구한다.

믿음은 이와는 다르다. 믿음은 자신을 대상으로 삼지 않고 하나님을 대상으로 삼는다. 믿음이 강화될수록 자신을 향한 의식이 줄어드는 대신, 주님을 더욱 더 깊이 의식하게 한다.

긍정적인 사고방식은 좋은 상황을 목표로 설정하여 달리게 하지만,

믿음은 상황의 좋고 나쁨을 떠나 그 상황을 통하여 주님을 바라보게 한다. 긍정적 사고방식은 시간이 지날수록 자아를 강하게 만들지만 믿음은 자아를 약하게 하고 은혜를 강하게 한다.

단 하나의 두려움

하루라도 사람에 대한 두려움이 없기를 바라고
하루라도 상황에 대한 공포가 없기를 기대하지만
단 하나의 두려움만은 한순간도 잃지 않기를
하나님을 향한 두려움만은 일평생 품고 살기를!

조폭보다 못하려고

사랑은 자기를 주는 행위이다. 그러니 사랑을 행하는 이에게는 아무것도 남지 않는다. 사랑으로 사는 자신을 하나님께 드렸기에 그 수고로움에서 기쁨을 누린다. 사랑을 행하며 힘들어하는 이유는 보상을 바라기 때문이다. 사랑을 행하며 부담스러워하는 이유는 자신을 내어주지 않기 때문이다.

첫 책《난 당신이 좋아》가 출간된 이후, 책을 읽고 찾아오시는 분들이 있다. 그분들은 한결같이 힘든 사연을 안고 있다. 인생의 고통과 아픔 가운데서 신음하는 분들이다.

오늘도 한 형제가 다녀갔다. 발달장애 아이를 둔 아빠였다. 오랜 시간 동안 겪어온 고통을 한마디로 표현하셨다.

"조폭도 의리가 있는데…."

두 분이 떠난 뒤에도 그 말이 마음에 오래 남았다. 그분들이 무슨 말을 하려는지 알고도 남음이 있다. 그렇게 열심으로 하나님을 섬겼는데, 그토록 신실하게 하나님을 사랑했는데, 결혼해서 얻은 첫 아이가 발달장애라니….

우리가 아무리 하나님을 사랑해도 고통이 우리 인생을 삼킨다. 하나님께 뜨겁게 헌신해도 고통이 나를 피해가지 않는다.

나도 끝나지 않은 고통과 하나님의 사랑 사이에 낀 인생이 억울해서 하나님과 씨름해왔다. 아픔은 여전하지만 사랑이 조금씩 자랐다. 나도 아픔 속에서 "조폭도 의리가 있는데…"라며 눈물짓곤 했지만, 조폭보다 못해 보이던 하나님의 사랑이 조금씩 커져 보이기 시작했다. 아무

렴, 하나님이 조폭보다 못하려고.

솔로몬의 실패한 자녀 교육

자녀 교육에 대하여 집약적으로 가르치는 성경은 솔로몬의 잠언이다. 다윗이 시편을 남겼다면 솔로몬은 잠언을 남겼다. 이 차이가 의미심장하다.

시편은 여호와를 경외하며 부르는 노래 모음집이다. 잠언은 자녀가 여호와를 경외하길 바라며 쓴 책이다. 시편이든 잠언이든 모두 성경이지만, 개인적으로는 잠언보다는 시편을 더 좋아한다. 그렇기에 우리 아이들에게는 자녀를 훈계하는 교훈보다 여호와를 경외하는 노래를 더 많이 가르치고 싶다.

솔로몬이 잠언을 기록했지만, 역설적이게도 정작 그는 자녀 양육에 실패했다. 그의 모든 자녀들은 여호와를 반역하고 불순종한 인물들이다. 그래서 잠언의 말씀이 더욱 생생한지도 모른다. 자녀들로 하여금 그리스도를 경외하도록 가르치는 데 실패한 국가 지도자, 자녀를 바르게 양육하는 데 실패한 아버지가 남긴 기록이라니.

이 사실이 우리에게 위로가 된다. 솔로몬도 그렇지만, 성경을 기록한 사람들은 하나같이 죄인이다. 그들의 말과 행동, 삶을 살펴보면 허물투성이다. 그런데 그 허물들 가운데로 생명의 말씀이 흘러들어온다.

우리도 마찬가지다. 죄인들 속에 하나님의 말씀이 흘러들어온다. 결코 우리가 거룩해서 말씀이 임하는 것이 아니다. 부모가 여호와를 잘 섬기기 때문에 자녀를 가르치고 훈계하는 게 아니다. 하나님의 말씀이 죄인 된 부모를 통해 훈계하는 것이다. 죄인들 가운데로 임하시는 하나님의 말씀이 오늘도 부모를 가르친다.

믿음과 치료 사이

칼을 들고 덤벼드는 사람을 사랑으로 바꿀 수 있다고 확신하고 견디는 건 어리석고 위험하다. 그때는 즉시 외부의 도움을 요청해야 한다. 그게 건강한 사랑이다.

중병에 걸린 자녀를 기도로 고칠 수 있다는 확신으로 적절한 의료 행위를 거부하는 것은 사랑이 아니다. 그건 아집이거나 어긋난 사랑이다. 자신의 사랑과 자기만의 영적 확신을 내세워 의료적 조치(치료)를 마다하여 실낱같은 회복의 기회마저 놓치고 후회한들 무엇하랴.

환자에게는 아집에 찬 가족의 사랑보다 냉정한 의료진의 치료가 더 필요하다. 그런 치료를 알맞은 시기에 적절히 제공하는 게 사랑이다. 그것이 환자를 더 큰 고통과 위험에서 구하는 길이다. 그럼에도 그런 치료를 거부하는 것이 큰 믿음의 결단이라는 그릇된 확신이 도처에 횡행한다.

아내의 투병생활이 8년에 접어드는 어느 날, 10년을 바라보며 딸의 회복을 확신하며 다시 작정기도를 시작하신 장모님을 보면서 마음에

모든 겸손과 온유로 하고 오래 참음으로 사랑 가운데서 서로 용납하고.
Be completely humble and gentle; be patient, bearing with one another in love.
_엡 4:2

드는 생각이 그렇다.

'어디로'부터와 '누구'로부터

바리새인들은 예수님이 '어디서' 왔는지 안다고 했다. 요 7:28 참조 그러나 예수님은 어디서 왔는지는 말씀하시지 않고 '누구'로부터 왔는지 말씀하셨다. "내가 그에게서 났고." 요 7:29

곧이어 "나를 보내신 이에게로 돌아가겠노라" 요 7:33 라고 하시면서, 그들에게 자신을 찾지도, 자신이 있는 곳에 오지도 못할 것이라고 덧붙이셨다. 요 7:34 참조

'어디 출신'인지를 따지는 바리새인들에게 예수님은 자신을 보내신 분이 누구인지 알리기 원하셨다. 예수께서는 태어난 곳보다 누구로부터 보냄 받았는지를 더 중요시 하셨다. 그러나 우리는 우리를 보내신 분이나 부르심보다 삶의 근거지를 더 중요하게 여긴다.

'어디에서 살 것인가'보다 '누구와 함께 살 것인가'가 더 중요함에도 우리는 장소를 우선시한다. '무엇을 하며 사는가'보다 '어떻게 사는가'가 더 중요함에도 항상 무엇을 하며 살지를 먼저 고민한다.

일평생 할 일보다 일평생 따를 가치가 더 중요한 법이다. 우리가 사는 장소나 하고 싶은 일이 우리를 세상으로 보낸 것이 아니다. 우리 삶의 근원은 하나님께 있다.

집 떠나면 고생

집 떠나면 고생하는 이유가 뭘까? 내 집이 아니니까!

(가보지 않았지만) 천국이 아늑한 이유는 뭘까? '진짜' 내 집이니까!

좋아도 너무 좋다. 편해도 너무 편하다. 풍성해도 너무 풍성하다. 즐거워도 너무 즐겁다. 진짜 내 집에 대한 상상만으로도 그렇다.

전능하심의 근거

삶이 고통스럽고 힘들 때마다 나는 삶의 근원이신 하나님께 자꾸 물음을 던졌다. 인간에 대해, 인생에 대해. 아마 나뿐만 아니라 많은 사람들이 그런 행동을 하지 않을까 싶다. 모든 말과 생각에 대해 회의와 의심을 품고 하나님께 묻게 된다. 이 숱한 질문의 과정은 신앙을 키우고 하나님을 알고 믿는 데 상당한 도움을 주기도 한다.

고통으로 인해 삶에 대한 기준은 모호해졌지만 하나님의 성품에 대한 신뢰만큼은 더욱 단단하고 견고해졌다. 내게 있는 거짓 평안, 위장된 평안을 제거하고 하나님으로부터 오는 참 자유를 누리게 되었다. 나의 성향이나 나의 외적 행위에 아무 영향을 받지 않는 하나님의 성품, 하나님의 무조건적인 사랑이 나를 자유케 하였다.

신기한 일이었다. 삶의 상황을 얽어매는 끈 같았던 고통이 도리어 나에게 자유를 주었다. 삶의 형통함으로만 이루어진 거짓 평안을 버리게 하였다. 긍휼 없는 경건에서 나오는 내 의를 구속하였다. 고통은 나를 비열하게 하고, 비참하게 했지만, 동시에 나를 자유케 하였다. 내 안에 형성된 자유는 하나님의 주권에 대한 자유였다. 그 이후로 나는 "아내를 낫게 해주세요"가 아닌 "주님은 나의 전능하신 분입니다"라는 신앙고백을 올려드리게 되었다.

아내의 회복이 하나님의 전능하심에 대한 근거가 될 수 없다. 내 기도가 하나님을 좌지우지할 수도 없고, 해서도 안 된다. 그래서 기도해도 안 되는 것은 안 되고 기도하지 않아도 되는 것은 된다. 나의 자유는 하나님의 자유 안에 있다. 내가 제 아무리 자유를 누린댔자 그분 안에서 누리는 자유, 그분 안에 머무는 삶일 뿐이다. 주 안에서 누리는 자유함이 나를 묶인 삶에서 자유케 하였다.

하나님은 홀로 한 분이실 뿐 아니라 이 세상 어디에서도 만날 수 없는 인간이 되신 유일한 하나님이시다. 우리를 사랑하셔서 자신의 능력마저 제한하는 분이시다.

하나님의 전능하심을 병의 치유가 아니라 십자가 사랑에서 경험했다. 병의 기적적인 치유가 아니라 병을 받아들이고 품고 살면서부터 하나님의 사랑을 만나게 되었다. 낫지 않는 질병을 품고 난 후에야 하나님의 사랑 앞에 목놓아 울었다. 사랑 없는 내 모습과 사랑으로 충만한 그분의 모습 앞에서.

4월인데도 아직 차가운 바람이 세차게 불었다. 이 바람이 잦아들고 계절은 금세 바뀌었다. 그러나 어떤 경우에라도 변할 수 없는 게 있다. 내가 거듭난 것과 지금까지 경험한 하나님이 부정될 수는 없다는 것, 너무 고통스러워 생명을 포기할 수는 있어도 나의 거듭남을 부인할 수는 없다는 것, 사랑하기에 너무 버거워 아내를 포기할 수는 있어도 하나님의 긍휼을 부인할 수는 없다는 것, 여전히 되풀이되는 고통이 모든 것을 포기하게 할지라도 나의 생명보다 하나님의 자비가 비교할 수 없을 만큼 귀하다는 것이다.

나의 아픔에 하나님도 아파하신다. 내가 웃으면 그분도 함께 웃으신다. 내가 혼란스러워하면 다시 안정을 찾을 때까지 그분은 기다리신다. 하나님은 당신의 형상으로 빚어진, 병든 내 아내를 돌봐달라고 내게 말씀하신다. 고통 중에 있는 하나님의 형상을 내게 맡기신다.

생채기 난 가지도 줄기에 붙어 있기만 하면 자란다. 전능하신 하나님은 약한 자를 꺾지 않으신다.

삶으로 하는 설교

설교와 기도는 그 사람의 인격과 삶을 그대로 반영한다. 그래서 설교는 자기 목소리, 자신의 삶으로 해야 한다. 설교를 다른 것으로 치장하고 꾸미기 시작하면 전달하는 사람의 의도는 점점 사라지고 만다.

설교와 관련해 내가 가진 원칙이 세 가지 있다.

첫째, 설교 중 가급적이면 책 이야기를 하지 않으려 노력한다. 현학적으로 보이기도 하고, 타인의 삶을 인용하기보다 내가 경험한 것을 해석해내는 것이 내 삶을 통한 메시지이기 때문이다.

둘째, 원문을 사용하지 않는다. 필요하면 우리말로 옮겨서 전한다.

물론, 설교를 준비하면서 원어를 찾아보지만 설교 때는 헬라어와 히브리어를 말하지 않는다. 이는 물론 내 실력이 모자란 탓도 클 것이다.

셋째, 예화를 찾는 데 시간을 들이기보다 최대한 내 삶을 돌아보고 나눈다. 좋은 예화를 찾아 사용할 수도 있겠지만 다른 사람의 옷을 입는 것 같아서 내키지 않는다.

내 목소리로, 내 삶으로 이야기하려다 보니 아무래도 내 설교는 세련되지 못하고 투박하기 짝이 없다. 게다가 삶이 꼬여 있다 보니 엉망이다. 이런 설교를 듣고 사람들이 변하니 그저 신기할 따름이다. 하나님의 은혜라고밖에 달리 무슨 말을 할까.

언변이 화려하지 못한 나에게 설교는 내 삶 그대로일 수밖에 다른 방도가 없다.

성경과 부적

"어떤 그리스도인들은 행운의 부적을 보듯 그렇게 성경을 대한다." 《성경, 이야기로 읽는다》에 나오는 구절이다. 책에서는 '행운의 부적을 보듯' 성경을 대하는 사람들의 태도에 대해 다음과 같이 말하고 있다.

1. 문제에 부딪힌다
2. 그 문제를 다루는 성경 본문을 찾는다.

3. 성경 본문을 그 문제에 적용한다.
4. 문제가 풀린다.

저자는 이런 방식으로 성경을 읽는 것을 가리켜 영적인 태만이라고 한다. 이 경우 성경은 마법의 가루 같아서 금세 실망하게 될 것이다. 문제는 이런 식의 성경 읽기 방식이 워낙 오래되고 편만해 있는 태도라는 데 있다.

오직 사랑만이

우리는 '하나님의 뜻'을 불신하는 마음이 있다. '하나님의 뜻대로 사는 삶'을 말하면 나에게 안 맞는 옷을 입고 살아야 할 것 같은 불편함, 하기 싫은 일을 억지로 해야 할 것 같은 두려움을 먼저 떠올리는 것이다. 이는 구부러진 생각이다.

하나님의 뜻은 나에게 가장 잘 어울리는 옷과 같다. 하나님의 뜻은 우리가 가장 하고 싶은 일을 하는 즐거움으로 우리를 초대한다. 그분과 가장 깊은 신뢰의 관계로 이끈다. 이를 위해서는 단 하나, 하나님의 뜻을 알고 받아들일 수 있는 '사랑'이 필요하다. 하나님의 뜻을 감당하는 것은 사랑이기 때문이다.

사랑으로 받지 못하는 하나님의 뜻은 버겁고, 불편하고, 두려움을 안겨준다. 하나님의 뜻은 사랑으로 맞이할 때 자유와 즐거움을 준다.

삶이 흔들릴 때의 기도

당신은 하루를 마치고 잠들 때 더 만족하는가? 아니면 하루를 시작하는 아침에 더 만족하는가?

다윗은 이렇게 노래했다. "나는 의로운 중에 주의 얼굴을 뵈오리니 깰 때에 주의 형상으로 만족하리이다." 시 17:15

다윗은 하루가 끝나는 밤이 아니라 아침에 일어날 때 만족하게 해달라고 기도하였다. 잠에서 깨어날 때 주님의 형상에 만족하기를 바라는 삶은, 밤새 두려움에 떠는 공포스러운 삶이요 원수로 가득 찬 긴장 속에 사는 삶이다. 하나님의 형상 말고는 기대할 것이 없는 삶, 그래서 잠들 때보다 일어날 때 그로부터 오는 만족을 갈구한다.

삶이 흔들릴 때는, 잠들 때보다 일어날 때가 더 불만스럽다. 그때 나는 이 기도를 드린다. 주 형상으로 만족하게 하소서!

하나님의 계산법

항상 누워 지내는 아내는 극동방송을 듣는다. 방송을 듣기만 하는 아내에게 가끔 이런 농담을 하곤 한다.

"당신은 설교를 늘 듣기만 하고 행동은 하나도 안 하잖아. 이젠 그만 들어."

물론 피아니스트 예브게니 키신의 쇼팽 연주곡이나 김도현의 CCM 찬양, 송솔나무 형제의 연주곡을 들려주기도 한다.

내가 하는 말이나 농담도 누워서 듣는 아내가 살며시 웃을 때, 아내의 웃음에는 삶의 여유가 묻어난다. 행동으로 옮길 수 없는 처지여서 그저 누워서 듣기만 하는 아내와, 마음이 싫어서 듣고도 불순종하는 나는 달라도 너무 다르다.

듣고 깨닫고 몸으로 행해야 순종인 사람도 있지만, 듣고 깨닫는 것만으로 순종인 사람도 있다. 많이 가진 자에게 많이 거두길 원하신다. 그게 하나님의 계산법이다.

너희의 지극히 거룩한 믿음 위에 자신을 세우며 성령으로 기도하며.
build yourselves up in your most holy faith and pray in the Holy Spirit.
_유 1:20

가장 좋은 성도들

아빠가 준비한 설교문을 읽는 동안 아이들이 누워서 "아멘" 하고 소리친다.

"하나님이 우리의 필요를 아십니다."

"아멘!"

"하나님은 우리의 앉고 일어섬을 아십니다."

"아멘!"

"하나님은 우리보다 우리 자신을 더 잘 아십니다."

"아멘!"

이만한 성도들이 또 있을까? 때로는 내 자녀가 가장 좋은 성도들이다. 설교를 듣고 '아멘'이라고 반응하고, 설교자의 부족한 인격을 성숙시키고, 설교의 실제를 보여주는, 이만한 시청각 자료가 또 있을까?

손녀의 믿음 vs 할머니의 믿음

우리 장모님은 2년 뒤면 딸이 일어난다는 확신을 갖고 기도하신다. 어제 막내 윤지에게 장모님이 말씀하셨다.

"윤지야, 네가 4학년이 되면 엄마가 일어난다."

초등학교 2학년인 윤지는 가만히 듣고 있다가, 외할머니가 가신 뒤 우리 집에 자주 오시는 집사님에게 이렇게 얘기했다.

"4학년 때는 어려운 것 같아요. 제가 5학년이 되면 엄마가 일어날 것 같아요."

 기도를 많이 하시는 장모님은 2년 뒤, 기도를 안 하는 윤지는 3년 뒤란다. 가끔 "목사님, 우리 언제 제대해요?"라고 묻는 집사님에게 "나도 몰라요"라고만 대답했는데, 나도 제대할 날이 짧으면 2년, 길게는 3년 남은 셈인가. 앗싸, 그날까지만 견디자!

더 소중한 것

 내 마음을 울린 한마디가 있다. 평소 내가 오랫동안 품어온 생각과 같았기에 더욱 마음에 깊이 남았다.
 "꿈은 우리에게만 있는 것이 아니고 하나님께도 있다. 하나님의 꿈은 절대적이다. 우리의 꿈은 이루어져도 그만, 안 이루어져도 그만이다. 그러나 하나님의 꿈은 반드시 이루어져야 하며 이루어진다."
 오늘 우리는 자기 꿈을 하나님의 꿈보다 더 소중하게 여기는 세상에서 살아가고 있다. 요셉이 꾼 꿈보다 하나님의 꿈이 더 컸다. 꿈을 가진 요셉보다 그를 꿈꾸게 하시는 하나님이 더 크신 분이다.
 그런데 우리는 대체로 요셉의 꿈만 떠올린다. 그를 꿈꾸게 하신 하나님과 그분의 꿈은 생각하지 않는다.

아들과 함께 주시는 것

> 자기 아들을 아끼지 아니하시고 우리 모든 사람을 위하여 내주신 이가 어찌 그 아들과 함께 모든 것을 우리에게 주시지 아니하겠느냐. 롬 8:32

이 말씀은 대체로 우리의 간절한 간구에 대한 하나님의 응답을 확신하는 근거로 사용되는 성경 구절이다. 아들까지 주셨으니 아들보다 못한 은사나 돈이나 우리에게 필요한 모든 것을 구할 수 있고 얻을 수 있다는 확신의 근거로 자주 이 말씀을 들이민다.

그러나 이 구절 뒤에 이어지는 것들은 환난, 곤고, 박해, 기근, 적신, 위험, 칼이다. 롬 8:35 참조 이쯤 되면 더 달라고 구할 맘이 싹 달아난다. 저 구절을 읽다 보면, 아들뿐 아니라 아들에게까지 주신(아들이 받은) 모든 것을 너희에게는 안 줄쏘냐 하는 뜻으로 다가온다.

난 예수님만 받고 싶다. 그밖에는 더 구하지도, 받고 싶지도 않다. 그러나 어쩌랴. 아들까지 내어주신 그분이 나머지도 주신다면 받아야지.

원망과 믿음

"주께서 여기 계셨더라면…." 요 11:21

나사로가 죽었을 때 그곳에 계시지 않았던 예수님을 원망하며 마르다가 한 말이다. 원망 속에는 언제나 일말의 믿음이 숨겨져 있다. 마르다가 한 원망의 말에는 주님만 계셨으면 나사로가 결코 죽지 않았을 거라는 믿음이 들어 있다. 또한 그 원망에는, 그때 그 순간에는 가능했건만 이제는 불가능하다는 포기가 숨겨져 있다.

그러나 원망 속에 숨겨진 '자신이 생각하는 때와 방법'을 내려놓는 순간, 그녀는 주님을 새롭게 만나게 된다. 자신의 때와 방법을 고집하면 원망으로 끝나지만 그것을 포기하면 하나님의 영광을 보게 된다.

아플 땐 아픔만 느껴질 뿐

"당신이 느끼지 못할 뿐이지, 살아 계신 하나님은 오늘도 당신을 찾아가신다."

당연한 말이라 생각한다. 그러나 정작 삶이 폭풍 가운데 들어갔을 때는 도저히 와 닿지 않았다. 그 혼란의 시간, 내 안에서는 하나님을 찾을 수 없었다.

인생의 아픔과 고통이 온몸으로 다가왔을 때, 평소 '느낌'으로 하나님을 찾지 않던 내가 그분을 간절히 '느껴'보고 싶었다. 내 아픔에 공감하는 하나님을 느낌으로 경험해보고 싶었다. 그리하여 아픔으로 예민해진 삶을 하나님의 섬세한 임재가 어루만지길 간절히 원했다.

뒤돌아보면, 삶이 한창 아플 때에는 오히려 하나님은 침묵하셨다. 내가 상처와 고통에만 집중할 때 그분은 묵묵부답이었다. 아플 땐 아픔만 느껴질 뿐이었다.

그러다 조금씩 아픔에 무뎌질 때 하나님이 말씀하셨다. 아픔이 무뎌지고 상처가 조금씩 아물기를 기다리신 하나님은 그때부터 비로소 말씀하셨다.

두 번 죽은 나사로

유대인의 큰 무리가 예수께서 여기 계신 줄을 알고 오니 이는 예수만 보기 위함이 아니요 죽은 자 가운데서 살리신 나사로도 보려 함이러라. 대제사장들이 나사로까지 죽이려고 모의하니, 나사로 때문에 많은 유대인이 가서 예수를 믿음이러라. 요 12:9-11

나사로는 한 번 죽었다가 살아났다. 그런데 죽음에서 살아난 그가 예수님 때문에 곧 다시 죽게 되었다. 대제사장들이 나사로까지 죽이려고 모의한 것이다. 병으로 죽었던 나사로가 이제는 돌에 맞아 죽거나 십자가에 달려 죽게 되었다.

만일 나사로가 제사장들이 모의한 결과로 인해 죽음을 맞았다면 그가 경험한 두 번의 죽음은 모두 멋지다. 처음 죽음은 주님의 사랑 가운데서 살다가 죽어 다시 살았고, 두 번째 죽음은 주님을 위한 죽음이었을 것이기 때문이다.

나사로는 한 번 죽었다가 살아난 뒤 다시 죽었다. 그리고 마지막 날에 또 한 번 우리와 함께 살아날 것이다. 물론 난, 두 번 말고 한 번만 죽었다가 다시 살아나는 것이 좋지만 말이다.

보여주는 사랑

아이들에게 "사랑하라"고 아무리 목청을 돋워도 말짱 헛일이다. 성도들에게 "사랑하라"고 아무리 권면해도 별다른 변화가 없다.

사랑은 양분을 공급받아야만 자란다. 먼저 사랑을 누려야 사랑한다. 사랑하라고 말하고 가르치는 것보다 사랑을 보여줘야 사랑한다. 예수님은 우리에게 사랑하라는 말씀을 남기신 것이 아니라 먼저 몸소 사랑하셨다. 그랬기에 예수님은 비로소 "내가 너희를 사랑한 것처럼"이라고 말씀하실 수 있었다.

안방에 누워 있는 아내의 침대 옆에는 라디오가 항상 켜져 있다. 어느 날 극동방송 프로그램 중 하나인 〈정철의 성경, 영어로 읽기〉에서 창세기 2장을 설명하면서 "남자가 여자를 다스린다"며 성경을 읽어나갔다.

안방에서 거실로 나가면서 아내에게 "지금 당신을 다스리는 중이야. 어여 밥 먹어" 하자, "푹, 푸욱" 하고 웃음소리를 낸다. 아내에게 우스갯소리를 했지만, 우리 삶을, 이 세계를 다스리시는 하나님의 은밀함을 생각하면 기쁨이 솟는다. 고난과 아픔 속에서 '은밀하게 다스리시는' 하나님을 무수히 경험했다.

능하신 하나님은 숨기도 잘하신다. 숨어 일하시는 것도 단연 으뜸이다. 드러나지 않고 모든 일을 하시는 그분을 나는 나의 연약함 가운데서 자주 경험한다. 그분의 은밀하게 일하심과 다스리심이 우리를 살아가게 한다.

두 종류의 밭

씨 뿌리는 자의 비유 이야기에는 두 종류의 밭이 나온다. 열매를 맺는 밭, 열매를 맺지 못하는 밭이다. 네 종류가 아니다. 다만 열매 맺는 밭에 비해 열매를 맺지 못하는 밭이 무려 세 배나 많을 뿐이다. 말씀을 들을 때 사탄의 말을 듣는 길가밭, 반응은 빠르지만 고난이 찾아오면 쉽게 말씀을 버리는 돌짝밭, 그리고 마음에 온갖 근심·염려·유혹·욕심이 가득하여 들은 말씀을 싹도 틔우지 못하게 하는 가시떨기밭이 그것이다.

사탄의 유혹에 넘어가, 고통이 올 때 견디지 못해서, 그리고 마음에 다른 것들로 가득 차서, 말씀이 자라지 않는다.

나는 어떤 밭일까? 열매 맺는 밭일까, 그렇지 못한 밭일까?

씨 뿌리는 사람의 비유 이야기에 이어 곡식과 가라지 비유, 그리고 겨자씨 비유가 나온다.

겨자씨는 갈릴리 주변에서 잘 자라는 흔한 잡초의 씨앗을 말한다. 정원에 잡초 씨앗을 뿌리는 어리석은 농부는 없다. 이 비유는 씨 뿌리는 사람의 비유에 나오는 좋은 밭과, 곡식과 가라지 비유의 좋은 주인을 넘어선다.

잡초처럼 무시당하고 아무도 주목하지 않는 나무도 새가 깃들일 만큼 자란다. 좋은 밭이 좋은 열매를 맺고, 좋은 주인이 좋은 씨를 뿌리는 건 당연하다. 하지만 사람들에게 무시당하는 겨자씨 같은 예수님이 우리 가운데 뿌려져서 열방을 품게 한다.

당대 사람들에게 '갈릴리 촌놈'이라고 무시당하던 예수님, 모든 농부가 하찮게 여기는 겨자씨. 하나님나라는 그렇게 하찮은 것에서 출발한다.

시간의 거룩함

오늘은 우리를 시간의 거룩함으로 초대하는 주일이다. 우리가 주일을 거룩하게 지키려고 노력하기 전에 하나님이 먼저 이 날의 시간을 복되고 거룩하게 하셨음을 기억하며 안식한다.

피조 세계 가운데서 유일하게 거룩한 것은 시간뿐이다. 시간의 거룩함이 우리를 거룩하게 한다. 거룩함은 주일이 주는 선물이다.

새가족 모임을 가졌다. 두 달 동안 우리 교회에 나온 세 가정을 모아 함께 음식을 나누며 축하했다. 종일 심방을 다닌 뒤, 새가족 만찬 모임으로 하루를 마무리 지었다.

계속되는 만찬으로 배가 비어 있을 새가 없었다. 배가 부를수록 육체는 고통스러웠지만 마음은 은혜로 풍성해졌다. 심방을 할수록 육체의 고통과 심령의 은혜가 동시에 찾아옴을 경험한다.

어찌 보면 고통과 은혜는 동전의 양면 같다. 고통 가운데 은혜가 임한다. 물론 최악은 은혜 없이 고통만 당하는 경우일 것이다.

다 잘하겠다는 욕심

모든 일을 다 잘하려는 결심이 나를 더 힘들게 한다.

하나님이 허락하신 만큼만 순종하는 삶이 그분의 뜻을 알게 한다.

자신의 결심으로 어렵고 감당하기 힘든 고통의 짐을 지기보다는 자기 삶에 드러난 하나님의 뜻만큼만 순종하면 고통을 직면할 수 있는 힘이 생긴다.
 '다 잘할 거야' 하는 욕심을 버리고 하나님이 허락하신 만큼 순종하는 것이 중요하다. 그러면 결심으로부터는 자유함을, 하나님께로부터는 은혜를 누리게 된다. 은혜 안에서 새롭게 된다.

단순함이 주는 담대함

 "하나님, 아내를 속히 낫게 해주세요."
 이제 더는 이렇게 기도하지 않는다. 그것은 하나님이 내게 주신 '응답' 때문이다.

> 거친 파도 날 향해 와도 주와 함께 날아오르리
> 폭풍 가운데 나의 영혼 잠잠하게 주를 보리라

 이 노래는 아내가 쓰러진 뒤에 받았던 첫 응답의 찬양이다. 이 찬양의 가사 중에 단 한 마디도 회복에 대한 약속은 없다. 그저 '주님만 바라보라'는 권면뿐이다.
 "병년아, 인생의 파도를 두려워하지 마라. 나와 함께 그 파도에 올라타자." 그게 전부였다. 너무도 단순하고 명쾌했다. 그 단순함이 내게 큰 용기를 안겨주었다.
 내가 담대하게 고통에 맞서기 시작한 건 그때부터였다.

나를 부끄럽게 하지 마시고 악인들을 부끄럽게 하사 스올에서 잠잠하게 하소서.
Let me not be put to shame, O LORD, let the wicked be put to shame and lie silent in the grave.
_시 31:17

하나님의 자유 vs 나의 자유

"저를 자유롭게 사용하실 권리가 당신에게 있습니다."

이 고백이 삶에서 겪는 고통을 줄여주었다. 하나님께서 나를 자유롭게 사용하실 권리가 왜 없겠는가. 이제껏 나는 삶의 방법을 선택할 자유를 마음껏 누렸다. 내가 원하는 방식으로 하나님께 영광 돌려야 한다고 고집함으로써 삶을 더 고통스럽게 했다.

하나님의 영광을 위해 살겠다면 삶의 방식을 자기가 선택하려는 모든 의지와 자유를 내려놓아야 한다. 그래야 하나님의 주권을 온전히 인정하게 되고 삶에서 자유를 누릴 것이다.

하나님께 나를 사용하실 자유를 온전히 내어드렸을 때, 나는 처음으로 고통으로부터 자유함을 누리기 시작했다. 그것은 고통이 없어졌다는 뜻이 아니다. 고통을 견디는 힘을 얻었다는 것이다.

관심의 초점

> 그러므로 내일 일을 위하여 염려하지 말라. 내일 일은 내일이 염려할 것이요 한 날의 괴로움은 그 날로 족하니라. 마 6:34

예전에는 이 말씀을 '오늘에 충실하라'는 의미로 받아들이곤 했다. 그러나 고통이 사라지지 않는 현실은 내일 일을 미리 염려하지 않더라도 충분히 괴롭고 힘겨웠다.

이제야 깨달은 거지만 '내일 일을 염려하지 말라'는 말씀은 내일 일을 염려하지 않는다고 하여 고통이 없어지는 것은 아니라는 뜻이었다. 이는 '삶의 관심을 이동하라'는 것을 의미한다. 고통을 삶의 중심에 두고 사는 것이 아니라 하나님의 임재를 중심에 두고 살아갈 때 그 고통이 줄어들었다.

그래서 유진 피터슨은 이 구절을 "지금 하나님이 하시는 일에 집중하세요"라고 풀이했다. 하나님의 임재에 집중할 때 비로소 연속적으로 받아들이던 괴로움을 하루 단위로 끊어서 소화할 수 있는 여유를 갖게 되는 것이다.

오늘도 오늘 하루에 끝나는 괴로움만 경험하는 삶이 되길 기도한다.

고난이 주는 유익

지금까지는 상황이 나를 쳐서 그리스도께 복종하게 했다. 그러나 이제부터는 내가 상황을 쳐서 그리스도께 복종하는 삶을 살아가려 한다. 기나긴 고통을 통해 삶의 새로운 시작을 본다. 지금까지는 고통이 나를 강제로 굴복시켰지만 이제는 자발적인 복종의 삶을 시작하려 한다.

> 고난을 당한 것이, 내게는 오히려 유익하게 되었습니다. 그 고난 때문에, 나는 주님의 율례를 배웠습니다. 시 119:71, 새번역

고난 자체가 유익이 아니라 고난을 통해 얻는 배움과 깨달음이 유익이다. 그래서 이제 고통이 나를 끌고 다니게 하지 않으련다. 하나님의 말씀을 배우고 깨닫는 고통으로 스스로 나아가련다.

순종 없는 간구

우리 집 춘녀는 주로 아빠가 시키는 일은 안 하면서 자신이 원하는 것은 끝까지 매달린다. 어제는 놀러간다며 용돈을 가불해서 달라더니만 오늘은 또 친구 모임에 가야 한다며 용돈이 필요하다고 애처롭게 간구했다.

춘녀에게서 내 모습을 포함한 우리의 실상을 본다. 알고 보면 우리는 하나님 앞에서 춘녀와 같다. 인간은 아이든 어른이든 하나님 말씀은 지지리도 안 들으면서 자기의 필요는 기를 쓰면서 요구하고 매달린다.

물론 자기 필요를 끝까지 구하는 것도 믿음이다. 그러나 참된 믿음은 하나님의 요구에 순종하면서 자신의 필요를 구하는 것이다.

순종 없는 간구는 인간을 탐욕스럽게 만든다.

더불어 산다는 것

　글로 나를 만나는 사람들은 대부분 위로만 받는다. 그러나 나와 함께 부대끼며 살아가는 이들은 나로 인한 아픔도 함께 받는다. 삶이란 본디 위로와 아픔을 함께 품고 있는 것이다.

　어느 집사님이 내게 그랬다. 자신이 존경하는 세 분의 목사님이 계신단다. 첫째 분은 삶의 방향을 가르쳐주었기에 존경하고, 둘째 분은 교회가 무엇인지 알려줘서 존경한단다. 마지막 셋째가 나였는데, 함께 자라가는 과정을 보여줘서 존경한다는 것이었다.

　그 말 속에는 나로 인해 위로와 아픔을 함께 받았다는 의미가 숨어 있다. 그럼에도 나와 함께하면서 교회를 섬기는 그 집사님을 나 또한 존경한다. 그런 분이 그 자리에 가만히 있는 것만으로도 교회에 큰 복을 받은 것이다.

주어와 목적어 관계

　내 나이 스물다섯에 그분을 찾았을 때 그분은 나를 기다렸다고 하셨다. 창조의 때로부터 나를 기다리셨고, 내가 이 땅에 존재한 때부터 나를 기다렸다고 하셨다. 그 기다림은 마음에 없는 억지가 아니라 영원히 변치 않는 미소를 머금은 사랑의 기다림이었다.

　스물다섯 해를 살아가기까지 한시도 당신을 찾은 적 없는 나를 오랜 사랑의 인내로 만나주셨다. 내가 당신을 알기 전부터, 그보다 훨씬 오래전부터 나를 아신다면서.

　그로부터 25년이 흐른 지금, 여전히 난 그분을 잘 모른다. 그분이 내 아버지라는 사실 외에는 아는 게 없다. 아들인 나를 위해서 하신 분명한 일, 곧 십자가를 지신 일 외에는 그분에 대해 아는 게 별로 없다.

　내 삶에 찾아오신 그분은 나의 추측과는 많이 달랐다. 그분이 나를 잘 아신다는 건 명백하고 확실하지만, 그분에 대한 내 지식은 신뢰하기 어렵다. 잦은 오해와 얕은 지식, 여전히 성화되지 못한 삶으로 인해 나는 나를 신뢰하지 못한다.

　처음 그분은 나에게 문자文字로 다가왔다. 눈으로 읽을 수는 있었지만 해독할 수는 없었다. 그러다가 시간이 지나면서 그분을 문장 구성 요소의 관계로 조금씩 이해하기 시작했다.

　그분은 언제나 주어이고 나는 목적어임을 깨달았다. 가끔 그분이 명사가 되어 목적어로 사용될 때, 나는 그분을 꾸미는 형용사임을 알았다. 그리고 자주 그분이 동사가 되어 내 삶을 앞서 움직이실 때, 나는 부사가 되어 그분의 움직임에 맞추고 따랐다. 이렇듯 내 삶의 주어가

되시는 하나님을 통해 내 인생 이야기는 날마다 새롭고 계속 새롭게 쓰일 것이라 믿는다.

문제는 숫자가 아니다

2008년 IVF 전국 수련회를 어찌 잊을 수 있을까. 아내가 화상을 입은 지 한 주 뒤, 나는 그곳에서 주강사로 설교를 해야 했다. 그 시간 동안 내 삶 자체가 메시지였다. 그때 함께 한 주간을 보낸 사랑하는 후배들이 잘 살고 있는지 궁금하다.

캠퍼스 선교단체의 학생 수가 많이 줄어서 걱정이라는 소식과 함께, 캠퍼스가 무너진다는 소식을 간간이 듣는다. 하지만 기억할 게 있다. 내가 1학년이었을 때 당시 내가 속한 단체의 회원 수는 8명이었다.

그때 우리는 사람 수는 몇 안 되었어도 하나님의 말씀을 더 그리워하고, 온몸으로 배우려 했다. 회원 수의 감소보다 더 무서운 것은 진리를 배우지 않으려는 무지이다. 사람 숫자가 아니라 진리가 세상을 이긴다.

쉬지 말고 기도하라

"기도는 삶의 일부가 아니라 삶의 전부이다. 하나님과만 시간을 보내다는 뜻이 아니라 하나님의 임재 안에서 생각하고 산다는 뜻이다." 헨리 나우웬이 한 말이다.

급할 때 하는 기도는 항상 하는 기도가 아니라 선택적인 기도이다. 급할 때 기도해야 하지만 이런 기도는 이기적인 면을 갖고 있다. 자기가 원할 때만, 자신의 다급한 필요가 생길 때만 기도하기 때문이다.

우리는 급할 때 기도하지만 평안할 때는 기도하지 않는다. 평안할 때는 자신의 힘으로 살고 급할 때는 하나님의 힘으로 산다는 뜻일까?

이런 기도는 기도 없는 삶이 아니라 하나님과의 지속적인 관계를 맺고 있지 않다는 뜻이 될 거다. 이런 믿음은 인격 없이 능력만 베푸는 하나님을 찾게 만든다. 자기 삶에 필요할 때만 신을 찾고 섬긴다. 그래서 그 신은 우상이다.

시간을 따로 떼어서 하나님과 교제하는 시간이 필요하다. 그보다 더욱 중요한 것은 우리의 모든 생각이 하나님의 임재 안에 있도록 마음을 드려야 한다는 사실이다.

자유함의 비밀

하나님의 고약함을 무엇으로 말할 수 있을까. 일으켜 달라는 아내는 변함없이 누워 있는데, 달라고 한 적 없는 돈은 끊임없이 보내주신다.

아내가 건강할 때 우리 가정의 수입보다 아내가 병상에 누운 8년 동안 몇 배나 더 많은 돈이 들어왔다. 광야의 삶에 만나만 있어도 족하건만 하나님은 진수성찬의 만찬을 차려주셨다.

이처럼 하나님이 끊임없이 공급하시는 이유는 그분이 만물의 소유주이시기 때문이다. 악인과 선인에게 공평하게 햇빛을 비추시는 하나님은 세상 모든 것의 소유권을 인간에게 양도하신 적이 없다.

하나님은 욥에게 분명히 말씀하셨다.

"온 천하에 있는 것이 다 내 것이니라." 욥 41:11

당대 갑부였던 욥에게 "네가 가지고 누리는 모든 것이 내 소유이다"라고 단언하신 것이다. 그것을 알았기에 욥이 경건한 사람이다. 욥은

잃은 소유로 인하여 아파한 적도 없고, 돌려달라고 한 적도 없다. "주신 이도 여호와시요 거두신 이도 여호와시오니"욥 1:21라고 고백하였다. 다윗도 "땅과 거기에 충만한 것은 다 여호와의 것"시 24:1이라고 찬양하였다.

성경은 '소유에 대한 하나님의 절대권'과 '청지기로서 인간의 권리'를 명백하게 가르치고 있다. 하나님은 우리의 필요를 따라서 공급하시지만 당신의 소유권을 넘기시지는 않는다. 물질이 비록 우리 삶을 위협하고 망가뜨릴 위험 요소를 갖고 있지만, 하나님은 우리에게 물질을 공급하심으로써 우리와 관계를 분명히 하셨다.

창조주 하나님과 피조물인 인간 사이에서 우리가 주장할 '소유'는 없다. 그러나 하나님은 우리를 위해 '공급'을 멈추시지 않는다. 공급은 하되 소유를 주장하지 않게 하심으로 우리는 자유를 누린다. 오늘도 '누리는' 삶의 시작이다.

닫는 글

내 일상을
풍성하게 해주는 이름들

"페이스북에 올리는 글을 책으로 만들면 어떨까요?"

책 짓는 일은 저자 혼자만의 일이 아니다. 페이스북에 주절주절 풀어놓은 일상의 이야기와 한 조각 깨달음이 책으로 묶이게 된 건, 순전히 편집자의 탁월한 안목에서 시작되었다. 내 일상의 맨얼굴을 적나라하게 드러낸 글을 통해 내 삶과 다른 사람들의 삶이 만나는 소통의 장을 발견한 게 아닐까. 그 혜안으로 이 책이 세상에 나오게 된 것이다.

나의 일상은 다른 누군가의 일상이며, 실상 우리 모두의 일상이기도 할 것이다. 그런 소소(so so 또는 小笑)한 일상을 가감 없이 페이스북에 끄적였고, 지금도 끄적이고 있다. 그러니 이 글은 정제되지 않은 '쌩얼'에 가깝다. 내 삶이 결코 잘 정제되고 가지런한 삶이 아니므로 당연한 일이다. 감정이 흐르는 대로, 무의식에서 나오는 단어 그대로,

시시한 수다를 떨 듯이 풀어낸 글은 아침마다 아이들을 깨워 밥 먹이고 학교 보내고 아내를 돌보다 지치면 잠시 앉아 자판을 두들겨 나온 글들이다.

힘들다고 소리 지르는 말들, 깊은 내면에서부터 토해낸 한숨들, 감출 길 없는 본성을 드러낸 욕지기들, 그러다 가끔 하나님의 은혜를 타고 오는 거룩한 말들…. 이런 적나라한 글은 내가 목사가 아니라 한 인간으로 사는 이야기다. "시편의 기도에 나오는 말들은 시장에서 물건 값을 깎는 이들의 언어"라는 유진 피터슨의 말처럼, 내 말과 글도 그렇다. 그러기에 비교적 진솔한 속내가 드러나 있다. 시편을 "인간 영혼의 해부도"라고 칼뱅이 말했는데, 내가 끄적대는 페북 글은 절망과 희망을 반복하며 살아가는 내 '일상의 해부도'쯤 되지 을까.

페이스북에 내 이야기를 숨김없이 남기자 사람들이 모이기 시작했다. 내가 얼굴을 본 적 없는 이들과 마음을 주고받았다. 나 혼자만 앓는 감정인 줄 알았는데, 글로 표현하자 다른 이들의 감정이 넘나들기 시작했다. 내 웃음이 그들의 웃음이 되고, 그들의 아픔이 나의 아픔이 되었다. 시공을 뛰어넘는 온라인 친구(페친) 공동체라고나 할까. 그 벗들이 먼저 읽고 공감해주고 호응해주어 미숙하고 거친 글이나마 계속 써나갈 수 있었다. 그러니 한 권의 책은 여러 사람들과의 소통의 결과라 해도 과언이 아니다.

나와 같은 일상을 살아가는 이들의 수고와 애씀이 있었기에 이 책이 나왔다. 기획 단계부터 시작해 이 책의 갈무리를 도와준 〈복음과상황〉 옥명호 편집장을 비롯해 비아토르 김도완 대표와 책임편집자 박진희

팀장, 그리고 우리 가족의 일상을 사진으로 담아준 홍진훤 작가와 이 책을 아름답게 꾸며준 정지현 디자이너에게 마음 깊은 고마움을 전한다.

    우리 세대는 정제된 언어에 깔려 삶을 잃어버렸다. 나중에 다가올 새 창조의 날에 이르러 비로소 그쳐야 할 울음을, 지금 여기서 벌써 잃어버렸다. 삶의 어둠이 불러오는 눈물을 잃었다. 삶의 반전은 웃음을 통해 한순간일지라도 아픔을 잊는다는 데 있다. "너무 경건하면 오래 못 살아. 대충 살자" 하면서 긴장을 풀고 함께 웃으며 넘어간다. "고통이 축복이라고? 네가 당해봐라, 축복인가"라는 한마디에 위로를 얻는 이들이 있다. 삶의 아픔이 나에게, 내가 만나는 사람들에게 인간의 얼굴을 되찾게 해주었다.

    내 일상의 희로애락은 우리 가족으로부터 나온다. '가족이 웬수'라지만 이런 귀여운 웬수는 세상 어디에도 없다. 큰 딸 '춘녀' 윤영이와 둘째 '춘돌이' 윤서, 그리고 우리 집 '복덩이' 윤지에게 고마움을 전한다. 이 아이들과 함께하는 삶이 곧 내 일상을 풍성하게 해주기 때문이다. 우리 가족의 삶을 흔든 아내 주연에게도 감사한다. 당신의 삶이 내 삶이 되고 내가 당신이 되어가는 하루하루로 인해 감사하다.

    그리고 내 일상의 모든 깨달음은 날마다 내 삶 속으로 들어오시는 하나님의 임재와 그분의 지혜로 인한 것이다. 하나님께 모든 영광을! 사랑합니다, 아바!

2013년 어느 뜨거운 여름
김병년

아빠, 우린 왜 이렇게 행복하지?

김병년 지음

2017년 11월 3일 초판 1쇄 발행
2021년 12월 17일 초판 3쇄 발행

펴낸이 김도완
등록번호 제2021-000048호
(2017년 2월 1일)
전화 02-929-1732
전자우편 viator@homoviator.co.kr

펴낸곳 비아토르
주소 서울시 종로구 삼일대로 428, 500-26호
(우편번호 03140)
팩스 02-928-4229

편집 박진희
제작 제이오

디자인 정지현
인쇄 민언프린텍

사진 홍진원
제본 국일문화사

ISBN 979-11-88255-08-5 03230

저작권자 ⓒ 김병년, 2017

이 도서의 국립중앙도서관 출판예정도서목록(CIP)은 서지정보유통지원시스템 홈페이지(http://seoji.nl.go.kr)와 공동목록시스템(http://www.nl.go.kr/kolisnet)에서 이용하실 수 있습니다.(CIP제어번호: CIP2017026363)